全国中小学有效教学指导丛书

丛书主编：赵亚夫

小学语文有效教学

孙素英 李英杰 张 娜 / 编 著

XIAOXUE
YUWEN
YOUXIAO
JIAOXUE

北京师范大学出版集团
BEIJING NORMAL UNIVERSITY PUBLISHING GROUP
北京师范大学出版社

图书在版编目(CIP)数据

小学语文有效教学 / 孙素英,李英杰,张娜编著. —北京:北京师范大学出版社,2015.5(2018.8 重印)
(全国中小学有效教学指导丛书)
ISBN 978-7-303-18814-7

Ⅰ. ①小… Ⅱ. ①孙… ②李… ③张… Ⅲ. ①小学语文—课堂教学—教学研究 Ⅳ. ①G623.202

中国版本图书馆 CIP 数据核字(2015)第 072292 号

营 销 中 心 电 话   010-58802181   58805532
北师大出版社高等教育分社网   http://gaojiao.bnup.com
电 子 信 箱   gaojiao@bnupg.com

出版发行:北京师范大学出版社 www.bnup.com
北京新街口外大街 19 号
邮政编码:100875
印   刷:北京东方圣雅印刷有限公司
经   销:全国新华书店
开   本:730 mm × 980 mm 1/16
印   张:10.25
字   数:165 千字
版   次:2015 年 5 月第 1 版
印   次:2018 年 8 月第 3 次印刷
定   价:21.00 元

策划编辑:李 志   责任编辑:王 强 郗军席
美术编辑:焦 丽   装帧设计:焦 丽
责任校对:陈 民   责任印制:陈 涛

全国中小学有效教学指导丛书
编 委 会

总 序

在很久以前，有一所为了应付新世界的变化，以造就英雄为教育目的的动物学校。教学目标便是克服所有动物与生俱来的缺点。为此，学校设置了跑、跳、爬、飞、游泳等课程，期望把每一种动物都培养成全能型动物。学校的办学理念是：大家都是英雄！谁也没有弱点！因此，每个进学校的动物都必须修完全部课程。

鸭子是游泳能手，飞行水平也就刚刚及格，跑的能力极差。于是，它必须拼命地加课以强化跑的技能，直到它把脚都跑烂了，跑的成绩仍长进不大。不过，学校认为，这个成绩还可以接受。但是，鸭子愈加担心，因为它可能再也没有什么可以骄傲的强项了。

兔子是另一个类型。它跑得极快，可不会游泳。老师要它拼命地练习游泳，由于过度训练，最终导致它精神崩溃。

松鼠爬得飞快，却没有飞行的本领。老师不让它爬到树上，而是飞上树。在飞行课上，它一再受挫，使自己最后的一点自信也丧失了。同样的老师，还超负荷地训练了马，让马专注于爬行。结果，马在爬行课上勉强得了个 C 的成绩。然而，由于过度训练爬行，马最擅长的跑，成绩却是个 D。

鹰是个问题学生。在爬行课上，它最终打败了所有对手立于大树的顶端。但是，取得这样的成绩，并不是老师教的——尽管老师总是对它严加管教，它却始终坚持自己的方法，才保持了骄人的成绩。

草原鼠没有上这所学校，因为学校没有打洞的课程。结果是，它们依然能够把自己的后代个个训练成专门打洞的能手。再后来，还创办了自己的私立学校。①

显而易见，动物学校是失败的。究其主要原因：一是它的教育目的和理念是空想的，以致教学无效；二是它的教学目标是学生不可能做到的，即便

---

① Fred Stopsky, Sharon Shockley Lee, Roy Tamashiro. *Social Studies in a Global Society*. Delmar Publishers Inc. , 1994. 3

1

有低效的例子，也是耗费了太多的教育成本，本质上依然是无效教学。

要彻底告别动物学校，深挖学科教学内涵，提高教学质量，需要推进和实现有效教学。从操作的角度简单表述有效教学，可以用"简洁、多样、生成、意义"八字概括。"简洁"是指教学目标简单明了，该引导学生做什么、做到什么程度一目了然；教学设计结构明朗、层次清晰，怎样引导学生去做、做了或可发生的结果一目了然。"多样"是指营造开放的学习环境，引导学生多角度、多方面地进行探究活动。"生成"是指多样化的学习活动，理应促成学生的独立思考和自我建构，既然有效的教学活动的出发点和立脚点都在学生身上，教学活动本身就是引发学生提出问题和解决问题的过程。"意义"是指教学生成的结果是有意义的，即学生的进步或发展能够显见于他们的表现，既包括时下的外在行动，也包括潜在的内化过程。

我们强调把握有效教学的核心标准和操作规程，希望一线教师在实践中自我创新。为此，在编写体例方面，采用更适宜培训和自修的学习板块，帮助教师们对有效教学有更为整体的认识，以便自觉地去超越固有的教学观念，把教学中蕴含的行动智慧与力量还给学生。在编写方法方面，由问题切入、案例指引、策略运用、教学建议构成具体内容，以便教师们更容易从操作的层面理解有效教学。我们期望这套丛书，能够让教师们一看就懂、一用就灵。

我们对丛书编写强调"一个意图"和"三个视点"。

"一个意图"是为教师们"减负"提供一条途径。当然，"减负"不是不要学习，而是减去不必要的学习负担，包括各种有形的和无形的压力和无效工作，其目的是提高教学质量。为此，这套丛书力图做到：(1)精选问题和案例，尽可能减少教师们在探索有效教学过程中的困难，强化有效教学的核心观念；(2)纠正过度备课、过度使用资源和活动的现象，尽可能帮助教师们找到简便易行、效率高、效益好的办法进行教学；(3)理论结合实践，尽可能通过小文本读物呈现丰富且实用的内容，使之成为有学习价值的"备案图书"。

"三个视点"是"速成""速立""速用"。"速成"，即让教师们能够很快掌握有效教学原理；"速立"，即让教师们能够运用有效教学原理，进行有效的教学设计，做一个有效教师；"速用"，即让教师们能够运用各种有效的学习指导技能，完成学生的有效学习。

赵亚夫
2015 年 3 月

目 录
CONTENTS

第一章

小学识字教学的有效实施及策略

- 培养识字兴趣
- 养成识字能力
- 扩展识字途径
- 重视能力养成

汉字源远流长，博大精深，是承载中华文化的重要工具。郭沫若先生曾说："识字是一切探求之第一步。"正所谓人生识字聪明始，汉字教学与人的发展关系之重大，由此可见一斑。因此，《义务教育语文课程标准》(2011 年版)(以下简称《语文课程标准》)明确提出：识字、写字是阅读和写作的基础①。小学生应累计认识常用汉字 3000 个左右，其中 2500 个会写②。

但是，识字教学的实际情况又是怎样的呢？忽视学生入学实际，教学预设片面；把握人文性与工具性的尺度不当；盲目扩大识字量，忽视语文素养综合能力的培养③等问题广泛存在于小学语文识字教学中；对识字教学有畏难情绪，识字研究开展的主动性不足，对识字教学策略不能很好掌握的教师在

---

① 中华人民共和国教育部制定. 义务教育语文课程标准(2011 年版). 北京：北京师范大学出版社，2012：21

② 中华人民共和国教育部制定. 义务教育语文课程标准(2011 年版). 北京：北京师范大学出版社，2012：12

③ 张巍. 小学低年级识字教学的问题与对策. 长春：东北师范大学，2007：8～17

整个教师群体中所占比例较大①，这些问题都影响了识字教学的效果。

识字是阅读和写作的基础，识字教学效果不理想，必然影响学生阅读和写作活动的顺利开展。小学阶段是对学生进行识字教学的重要阶段，小学阶段的识字教学效果，直接影响到学生今后的学习和生活。

鉴于此，本章将结合具体的识字教学案例，主要围绕应遵循的基本原则、在课堂教学过程中的有效实施两个问题对新课程下的小学语文识字教学展开讨论，并初步总结出小学语文识字教学的策略。

一、小学识字教学应遵循的基本原则

(一)多认少写

新中国成立以来，我国的识字教学主要采用"识写同步"的策略，即学过的字要求音、形、义同时掌握，既要会读、会写，也要会说、会用。但是，2001 年 9 月颁布的《全日制义务教育语文课程标准》(实验稿)中明确提出："识字与写字的要求应该有所不同，1～2 年级要多认少写。"2011 年颁布的《义务教育语文课程标准》(2011 年版)进一步明确：低年级阶段学生"会认"与"会写"的字量要求有所不同。在教学过程中要"多认少写"，要求学生会认的字不一定同时要求会写。② 相比于原有的"识写同步"策略，我们应该如何理解"多认少写"呢？

应该说，"识写同步"的识字教学策略在一定程度上保证了识字的质量，有一定的积极意义。但是，考虑到汉字学习自身的特点以及学生发展的特点，这种识字方法的弊端也比较明显。

从儿童生理发展的角度看，低年级是儿童识记汉字的黄金时期(儿童识字能力的强弱存在年龄差异，一年级学生识记汉字的能力最强，以后逐年下降)，在这个阶段要求他们"认识"汉字是比较容易的。但是，这一年龄段的儿童由于手部肌肉和神经发育不够完善，写起字来比较费劲儿。要求他们把所有"认识"的汉字都同时达到会写会用，无疑加重了低年级学生的学习负担，在一定程度上会限制儿童学习汉字的数量。

---

① 章师亚. 识字教学：几多欢乐几多愁. 浙江教育科学, 2007(4)

② 中华人民共和国教育部制定. 义务教育语文课程标准(2011 年版). 北京：北京师范大学出版社, 2012：21

我们都知道，尽早大量阅读是发展语言最重要、最有效的途径。识字是阅读的基础，没有一定的识字量，是无法顺利进行阅读活动的。"识写同步"的策略，由于要求所有学过的汉字都要达到会认会写，影响了儿童学习汉字的数量，既不能满足儿童阅读、写作的欲望，也不能适应语文教学进度的要求。而"多认少写"的策略由于符合儿童生理发展的特点，能够帮助儿童在识记汉字的黄金时期接触更多的生字，为其极早进入阅读奠定良好的基础，因此，《语文课程标准》提出了识字教学应坚持"多认少写"的原则。

所谓"多认少写"，也就是将识字分成两个阶段来完成：第一阶段是要求认识；第二阶段是要求会写。"认识"的字不一定要求"会写"，认识的字的数量可以超过会写的字的数量。应该说，实施"多认少写"的识字策略，是我国新世纪识字教学改革的一大举措。

但是，从教学的实际情况来看，教师在贯彻"多认少写"时也出现了一些问题。有的老师受到原有"识写同步"观念的影响，对于要求"认识"的字和"会写"的字统一要求，加大了学生的学习负担。有的教师片面地理解"识写分开"，对认识的字，只要求读几遍记住字音，对字形、字义均不予理睬，造成学生识字中的"回生现象"严重。

到底"认识"要求学生掌握到什么程度？"会写"又要求学生掌握到什么程度？希望下面这个案例可以给教师们一些启发。

案例指引一：保证汉字的音形义联系是"多认少写"的前提[①]

教学内容：一年级上册《小小的船》(课标实验人教版)

这一课是叶圣陶先生的一首儿童诗。其中，"船"是一个要求认识的字。对这个字，老师是这样处理的。

师：板书课题"小小的船"。(学生借助拼音读课题及"船"的字音)

师：你们都知道有什么船？

生：我知道有轮船。

生：我知道有帆船和渔船。

师：(出示各种船的图片)这些船你们都认识吗？(随着学生说图片中的船，随机在图片旁边出示："帆船""轮船""游船""渔船"……)

---

① 本案例由李英杰提供

师：这些都是"船"。（幻灯片出示"船"字）让我们再读一遍，在心里记住它。

生读"船"字。

师：今天我们学习的课文是？

生：小小的船。

知道它的长处

从心理学的角度看，学习汉字的过程就是记住汉字的音、形、义，并在这三者之间建立起相互联系的过程，如图1-1所示，也就是要能够做到由音索形、由音索义、由形索音、由形索义、由义索音、由义索形。

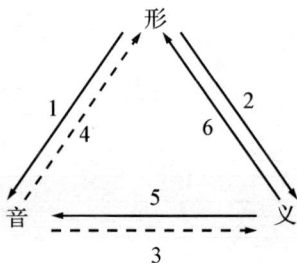

图1-1 汉字音、形、义间的六种联系[①]

而"多认少写"策略的实质是将掌握一个汉字所需建立的6种联系分解为两步：第一步，先建立由形索音、由形索义、由音索义三种联系（见图1-1中箭头1、2、3所示），即"认识"汉字；第二步，再建立剩下的三种联系（见图1-1中箭头4、5、6所示），达到"会写"汉字。

上面这个案例较好地实现了这一过程。"船"字在这一课是一个要求认识的字，也就是只要建立由音索义、由形索音、由形索义三种联系就可以了。因此，教师先让学生在课题中认读"船"字字音，建立形—音联系；再结合图画以及词语所提供的语言环境，初步了解"船"字的字义，建立音—义联系；随后在了解字义的基础上再次观察"船"字字形，建立义—形联系。通过这样的三步，学生不仅掌握了"船"字的字音，而且形成了一个音、形、义相互联系的立体印象。有了这样的基础，学生今后再次学习"船"字，就很容易达到"学会"的要求了。

在这个案例中，教师采用了整体观察、反复出现的方法帮助学生初步掌

[①] 董蓓菲."多认少写"的学理依据.小学语文教学，2006(2)

握了"船"字的字形，而且没有要求学生一笔一画地分析"船"的笔画，更没有要求学生书写"船"字。这符合认识汉字的基本规律——从整体把握开始。就像成人不会写繁体字，但却能比较顺利地阅读"北平之秋就是人间的天堂，也許比天堂更繁榮壹點呢！"这样的繁体句子，就是因为整体把握了繁体字的字形。所以在教学要求认识的汉字时，要注重通过复现，引导学生整体把握汉字，而不要拘泥于每个笔画的细碎分析。

总之，采用"多认少写"识字策略的主要目的是提高识字速度，缩短识字教学时间，从而让学生提前进入阅读，以提高学生的读写能力。因而，我们必须严格按照《语文课程标准》关于两类字的不同教学要求进行识字教学：要求认识的字，只要求读准字音，大致了解意思，不做书写要求；要求会写的字，要能读准字音，识记字形，写得正确、端正，大致了解意思，并能在口头和书面语言中运用。

(二)循序渐进

所谓循序渐进，指的是(学习、工作)按照一定的步骤逐渐深入或提高。它是人类认识一切事物的客观规律，也是开展各项教学活动都应遵守的原则之一。识字教学也不例外。但受到识字教学本身特点的影响，在识字教学中，循序渐进除了指学习内容本身的安排应从易到难，还包括通过增加复现率逐步实现对汉字的掌握以及在阅读教学中有机渗透识字教学两方面的含义，具体体现为识字教学的课时衔接和年段衔接。

1. 识字教学不仅仅是第一课时的教学任务

课文中的生字什么时候教合适呢？大多数教师把识字当成是第一课时的任务，在第一课时集中完成识字的任务，而第二课时则主要用来阅读。这种做法，看起来是将教学任务相对独立、集中了，教学效果可能会比较好，但是，老师们忽视了一个非常重要的问题——生字的复现率。

认知心理学的研究表明，对于学过的知识，人脑首先会将其存入短时记忆，这个时候的记忆是不稳定的，很容易遗忘。只有保持一定的复现率，才能由短时记忆转化为比较稳定的长时记忆，在人的头脑中长期保存。如果仅仅将识字教学理解为某一课时(第一课时)的教学任务，学过之后就不闻不问了，那只是完成了让生字进入学生的短时记忆这一步。随着时间的推移，学生可能会将其纳入长时记忆，也可能将其遗忘。这样的识字教学效果是没有保障的。只有在每节课中都渗透识字的教学，才能保证识字教学的效果。

案例指引二：《笋芽儿》①

教学内容：二年级下册《笋芽儿》(课标实验教科书人教版)

教学目标：

1. 会认14个生字(笋、唤、揉、漆、轰、扭、钻、唠、辨、抚、滋、润、冈、豪)，会写9个字(笋、芽、世、界、冈、轰、喊、呼、唤)。

2. 正确、流利、有感情地朗读课文，体会笋芽儿对春光的向往和奋发向上的精神。

3. 爱读科学童话故事，能从童话故事中吸取力量，陶冶情操。

教学重点、难点：

1. 会认14个生字，会写9个字。

2. 体会笋芽儿对春光的向往和奋发向上的精神。

教学时间：三课时

教学设计：

第一课时

教学目标：

1. 通过自主识记、语境中识字等多种形式认识"笋、唤"等生字。

2. 正确、流利地朗读课文，做到不添字、不漏字、不读错字。

教学重、难点：

组织多种形式的有趣识字方法，把字的音、形、义结合起来，指导识记书写生字。

教学过程：

(一)猜谜导入，随题识字"笋"

(二)初读课文，读准生字

(三)学习本课生字

1. 读准字音

带拼音读词语(齐读——开火车读)

不带拼音读词语(齐读——同桌互读——齐读)

不带拼音读生字(指读——齐读)

---

① 本案例由李英杰提供

2. 字形指导

冈：横折钩的折笔要垂直，不可向内收；里面的叉是先写撇再写长点。

笋：中横要长，右边出头。

轰：左边的"又"字捺画变成点。

3. 理解词义

观察图画，查字典理解词义：山冈、笋芽儿、健壮、爱抚、呼唤、唠叨。

(四)再读课文

(五)作业布置

第二课时

教学目标：

1. 有感情地朗读课文，重点读好笋芽儿和春雨姑娘等人物的对话，感受笋芽儿对美好春光的向往和奋发向上的精神，体验投身大自然的情趣。

2. 爱读科学童话故事，能从童话故事中吸取力量，陶冶情操。

教学重点、难点：

1. 读好笋芽儿和春雨姑娘等人物的对话。

2. 感受笋芽儿对美好春光的向往和奋发向上的精神。

教学流程：

(一)创设情境导入

(二)逐段学习

(三)老师小结

第三课时

教学目标：

1. 朗读课文，表演展示。

2. 积累喜欢的语言。

教学重点、难点：

表演展示。

教学流程：

(一)朗读课文，表演展示

1. 以小组为单位排演课本剧，教师巡视指导。

2. 班级推选表演得好的小组，戴头饰进行角色表演。

(二)积累喜欢的语言(略)

需要讨论的问题

从上面这个案例可以看出，教师在上课前做了精心的准备，对文本的解读也是比较深入的，所以能够抓住课文的重点引导学生展开阅读。教案的设计思路也比较清楚：第一课时主要是初读课文，解决生字的问题；第二课时引导学生深入理解课文；第三课时主要解决积累和课本剧表演的问题。从第一课时的生字教学来看，教师比较好地把握了两类字的不同要求。

但是，教师看似清楚的教学思路背后却蕴藏着观念上不易察觉的问题：将识字教学孤立地理解为第一课时的教学任务，忽视了识字教学中生字的复现。小学生掌握一个汉字，需要以不断的复现为必要条件。曾有研究指出，通过比较汉字在教材中的重复方式与识字成绩，可以发现在提出学习要求后，对学生所学的汉字继续给予适当重复能够显著提高学生的识字成绩。重复量达到 6 节的汉字识字效果较为理想。就重复节数对提高识字成绩的效果来说，2 节和 6 节是两个转折点[①]。但是，教材由于受到选文等各方面条件的限制，不能保证生字在选文中具有必要的复现率。这就要求教师在教学中自觉补充，运用合理的重复方式和重复量来提高识字教学效率。如何做到这一点呢？除了在第一课时进行生字的教学，第二、第三课时也能有效地进行生字的学习、检查无疑是一条提高生字复现率的简单、有效的途径。但是这个案例中，教师仅在第一课时集中进行了生字教学，后面两课时完全没有顾及生字的问题。这显然加大了学生掌握本课 14 个认读字，特别是 9 个要求会写的字的困难程度。

另外，在这个教学设计中，对课时的安排也略显头重脚轻，前两课时的教学任务较重，而最后一课时的教学任务较轻。新课程强调语文学习的综合性。从这三课时的教学内容来看，教师何不尝试将字词的学习与课文的理解结合起来，将语言的积累和课文的深入理解结合起来，将课本剧的表演与课文的深入理解结合起来？由此来消弭课时之间的内容界限，让这三课时成为学生能力成长的三个阶段，让学生经历字词初步学习、课文初步阅读—字词深入理解、课文深入学习—字词、课文内化记忆、学以致用的能力发展过程。

---

① 丁道勇. 小学一年级语文汉字重复与识字效果关系的研究. 课程·教材·教法，2005(9)

案例指引三：在字词复现中打通识字与阅读①

教学内容：二年级上册《奇妙的歌手》(北京市义务课程改革实验教材《小学语文》)

执教者：王娜

师：同学们，这节课我们继续来学习第 19 课——《奇妙的歌手》。这是什么样的歌手？(指名读、齐读)

师：昨天我们学习了这些字词，先来复习一下。(PPT 出示第一组：优秀蟋蟀振动洪亮)

生自己读——按顺序开火车读——不按顺序开火车读。

师：(PPT 出示第二组，悦耳的琴声。)

师：你能给"悦耳"换个词，还表示相同的意思吗？

生：好听、动听、美妙……

师：(PPT 出示第三组：瞿，瞿，瞿，歌声好像悦耳的琴声。)

师：标点是无声的语言，你能通过自己读，把它表现出来吗？

师：(PPT 出示：呱呱呱)同样是歌手的声音，这种声音怎么读？

生读。

师：你的这种读就是——有节奏。你再来读读这句话，(PPT 出示：呱呱呱，又响亮又有节奏。)

师：(PPT 出示第四组：小黄莺想要找几名金嗓子歌手，组织一个合唱队。)这个句子可比较长，谁来读一读？

生读。

师：什么样的歌手是"金嗓子"歌手呢？咱们班谁是金嗓子歌手啊？你们是怎么发现的？

生：听他唱歌。

师：是呀，小黄莺本来是想找几名像他这样的"金嗓子"歌手，可没想到，却找到了几名"奇妙的歌手"。还记得吗？它都找到了谁？

生：小黄莺找到了小蟋蟀、小青蛙和蝉。(指导学生说完整话。)

———————————

① 本案例由北京师范大学大兴附属小学王娜老师设计，曾获 2011 年北京市义务教育优秀教学设计评选二等奖

知道它的长处

王娜老师在这节课中对字词的处理是非常巧妙的。

第一，她非常重视字词的学习。对二年级学生来说，字词学习仍然是一个重点，必须在教学中落实。王老师的这节课是第二课时，根据德国著名心理学家艾宾浩斯对遗忘规律进行的测试：第一天学的知识第二天保持率只剩下 33.3％，第三天保持率为 27.8％，第六天保持率降到 25.4％。第二课时正是学生初次学习生字词后的第二天(或第三天)，学生正处在遗忘最快的阶段。王老师在此时要求学生进行字词的复现，用专门的时间检查学生对字词的掌握情况，突出了低段教学的特点，符合儿童的认知规律，有利于帮助学生切实掌握生字词。

第二，王老师并没有孤立地为检查字词而检查字词，而是将汉字的复现与词义的理解、句子的朗读结合在一起。传统上的字词检查往往会采用读词语或者听写的形式，但是这样的方式往往割裂了汉字音、形与义之间的联系，不能考查学生是否真正掌握了汉字的意思。而对汉字意义的掌握恰恰是学生学会运用汉字的前提和基础。王老师抓住学生学习中的难点，在换词中理解了"悦耳"，在联系生活中理解了"金嗓子"，在有感情的朗读中理解了"有节奏"的意思。这是将字形的复习巩固与意义理解有机地结合在一起，真正促进了学生对生字词的掌握情况。

第三，字词学习与阅读理解有机结合。在这段教学中，对关键词语的复习和巩固是和课文中的相关词句紧密联系在一起的。理解"悦耳"，离不开"琴声"；理解"金嗓子"，离不开"小黄莺"的"合唱队"。通过这样的教学，学生不仅复习、巩固了字词，同时回顾了课文的主要情节和内容，为接下来的课文学习奠定了较好基础。教学环节之间的连续性比较强。

第四，王老师将对学生学习习惯、语文能力的培养融入到教学的每个环节。虽然这个教学片段是关于生字词的，但是王老师心中时刻绷着语文能力培养的弦，适时提醒学生表达的完整性。这也体现了王老师对学生的充分关注。

案例指引四：不断复现，让孩子们和生字宝宝交上朋友①

教学内容：一年级下册《不正就是歪》教学片段(北京市义务课程改革实验教材《小学语文》)

执教者：田洋

在学习完课文中的生字后，复习巩固生字的环节设计在一个游戏情境"摘苹果"中展开，具体实施如下。

师：下一个游戏，我们要到汉字果园去摘苹果。

▲投影：

(1)苹果卡——独立认读生字、认读字

请同学们拿出苹果卡，自己先来叫一叫每个生字朋友的名字。

(2)苹果变红——再次认读生字、认读字

大家看，树上的苹果还青着呢，没法摘。同学们如果能叫准生字朋友的名字，大苹果就会变红。(课件演示：读准字音，青苹果变红)

我们一起来试试。咦，读对了，苹果红着小脸儿高兴了。

(3)摘苹果——在新语境中尝试运用生字

①自读儿歌，尝试选字

果子熟了，可以摘了。请同学们轻声读读小儿歌，想一想：应该摘下哪个苹果，放在哪儿呢？

_____

① 本案例由北京市丰台区实验小学田洋执教，曾获得 2013 年北京市第一届语文教学观摩活动特等奖

▲投影:

②同桌商议怎样摘苹果

想好后,和同桌一起读读儿歌,从苹果卡中选一选。

③全班反馈,摘苹果

让我们一起来摘苹果吧!同学们选好苹果卡,把它举起来,叫叫生字朋友的名字。

④通读反馈:答案是否正确

摘得对不对呢?检查要有个小窍门,那就是:看儿歌读起来是不是通顺、连贯。自己读一读,检查一下。

⑤把儿歌读好听

田里虫☐来得急,

爷爷着急没☐^{zháo}息。

小猴☐头想主意,

大家帮忙☐玉米。

真是一首有意思的小儿歌,让我们试着把它读得更好听。如果能通过大家的朗读,让我们好像看到那只歪着头、热心助人的小猴子,就更好了。

知道它的长处

巩固识字最好的办法是复现,这就是我们平常所说的"一回生,二回熟,三回四回成朋友"。因此,除了在不同课时复现生字词、帮助学生记忆外,在同一节课中,教师也应通过各种教学手段实现生字词的不断复现。这个案例正体现了这一点。

在初步学完本课生字之后,教师创设情境,采用学生喜闻乐见的游戏方式多次复现本课的生字，增加学生与生字见面的次数；同时游戏也调动了学生识字的积极性，使学生始终处于兴奋之中，不知不觉掌握了课文中的生字。

另外，教师还把刚学的生字放到新的语言环境——一首小儿歌中，让学生在阅读中巩固识字。因为有了前面和生字的"反复见面"，学生很容易就能在新的语言环境中找到所学的生字，并记住它们。

2. 注重低、中、高学段间识字教学的延续性

《语文课程标准》中指出：识字写字是阅读和写作的基础，是1~2年级的教学重点。教师在教学中应充分落实这一要求。但是，课程标准强调识字教学是1~2年级的教学重点，并不是说到了中高年级识字教学就不重要了。一定的识字量是学生顺利开展阅读和写作的必要基础。按照课程标准的要求，学生在低年级阶段掌握的汉字(认识常用汉字1600~1800个)是远远不能满足其阅读和写作需要的。因此，中高年级教师仍应充分重视识字教学，在阅读、写作等语文活动中扩大学生的识字量，提高学生语文学习的能力。

但中高年级学生由于经历了两年多的汉字学习，已经具有了一定的识字能力，并且随着年龄的增长，他们的学习能力也逐步开始向抽象学习过渡。因此，中高年级的识字教学绝不能照搬低年级识字教学的路子，而是要向自主化、系统化、结构化的方向进行探寻。要通过中高年级的识字教学让学生有更多的机会自主识字，增强其独立识字的能力，让学生能更有效地将新学习的汉字与已有的知识体系建立联系，增强其汉字识记的系统化和结构化。正所谓结构化的知识是记忆中储存时间最久的知识，中高年级的识字教学也要通过归类梳理、分类比较等方法，帮助学生形成相互联系的知识体系。

案例指引五：一节六年级语文课①

教学内容：六年级《天然动物园漫游记》(北京出版社课标实验教材)

师：课下同学们都预习生字了吗？

生：预习了。

师：那么打开书31页，我们一起来看看生字和认读字。

师：第一个生字读什么？

生：xī（熹）。

师："熹"与第三课学习的"晨曦初露"中的"曦"一样吗？请同学们查一查

---

① 本案例由李英杰提供

字典。

生："晨光熹微"的"熹"指天亮，"熹微"形容阳光不强。"曦"指阳光。

师：读第二个生字，说出课文中相关的词语。

生：lín(粼)，波光粼粼。

师：第三个生字"躯"，把它的部首换一换，组成以前学习过的字。

生：岖(崎岖)、呕(呕心沥血)、驱(驱赶)、抠(抠门)、枢(枢纽)……(师随手写出学生说的字)

师：如果你对哪个字较为生疏，可以写在书上，并写上拼音。

师：第四个生字怎样读？

生：shì(恃)。

师："有恃无恐"中的"恃"什么意思？请查查字典。

生：倚仗。

师：课文写哪种动物"有恃无恐"？

生：河马倚仗身体长、体重大，不把别的动物放在眼里。

师："恃"换部首是什么字？说你认识的字。

生：等"待"、坚"持"、"诗"篇、"侍"奉、"等"候……

知道它的长处

《天然动物园漫游记》虽然已经是六年级的课文了，但是教师仍然十分重视识字教学。

首先，根据六年级学生的学习特点，他们已经具备了一定的自学能力。因此，教师要求学生在课下预习本课生字词。这是把学习的自主权交给学生。在学生预习的基础上，教师并没有不管不问，直接讲解课文，而是挑选课文中比较复杂的生字，带着学生逐一学习。在这一放一收中，教师很好地把握了学生主体与教师主导的关系。

其次，教师能够联系学生的既有经验进行识字教学。例如，"熹"字的教学，教师首先让学生读出这个字的字音，然后，马上指出第三课学过"晨曦初露"，并要求学生比较"熹"与"曦"在意思上的差别。"躯"和"恃"的教学，教师要求把部首换一换，组成以前学习过的字。这种做法，可以帮助学生将新学的生字纳入他们原有的知识结构中去，形成认知的网络，而不是所有的知识都孤立地存在于脑海中。

再次，教师能够引导学生联系课文学习生字。例如，"粼"和"恃"的教学，教师都要求学生回到课文中找一找"课文中相关的词语""课文中是写哪种动物的"。通过与课文内容联系，学生对字义有了更好的把握，同时也为理解课文打下了良好的基础。

最后，教师很注重引导学生使用工具书。"授人以鱼，不如授人以渔。"新课程强调培养学生独立识字的能力。使用工具书的能力就是独立识字能力的重要组成之一。案例中的教师在生字教学中时刻不忘工具书，遇到问题首先"请同学们查一查字典"。这不仅培养了学生使用工具书的能力，而且潜移默化地形成了学生使用工具书的习惯。

案例指引六：为学生的自主识字铺路[①]

教学内容：二年级《丑小鸭》识字教学片段（人民教育出版社课标实验教材）

师：观察下面这些字红色的部分，你发现了什么？

裂、欺、笆、讥、苇、剩（声旁变红）

生：红色的部分和这个字的读音一样。

师：你们很善于观察，一部分表示读音；一部分表示意思，汉字中有很多这样的字，它们有一个共同的名字叫形声字。

师：但有些形声字的读音发生了一些变化，你还能读吗？

烘、孤、僵（声旁变红）

师：形声字组成了词语，你还能读吗？

暖烘烘、芦苇、篱笆……

知道它的长处

形声字的概念是很多教师会在低中年级向学生渗透的常见概念之一。但很多教师往往停留于告诉学生什么是形声字或辨析哪个字是形声字等层面，结果造成学生知道了什么是形声字，却留下了见字读半边的坏习惯；知道了什么是形声字，却对后续的汉字学习没有实质性帮助。

《丑小鸭》这一教学片段的特点恰恰在于教师并没有直接告诉学生形声字的概念，而是通过接触一组规范的形声字，让学生自己发现形声字的特点。而后，教师又通过一组声旁与读音不完全一致的形声字，让学生发现并不是

所有的形声字都可以见字读半边。最后,通过形声字组成的词语,再次感受形声字声旁表意的特点,使汉字的学习与认识事物达成了和谐的统一。应该说,这个教学片段,教师正是通过让学生直观接触一组组汉字,完整感知了形声字的特点,使得这个概念的学习不停留于概念本身,而是真正成为帮助学生感受汉字特点、学习汉字的工具之一。

(三)集中识字与分散识字相结合

自 1958 年辽宁省黑山北关实验小学首创集中识字后,集中识字一直是识字教学的重要方式之一。

从近 50 年的识字教学发展来看,集中识字有其独特的优势:第一,集中识字可以在单位时间内让学生识记大量的生字。第二,集中识字便于帮助学生掌握识字方法。例如,运用汉字构字规律归类识字,以形声字归类为主体,辅之以基本字识字、部首识字以及形近字对比、反义词对比等多种形式的归类识字。这样有规律、有特色的一组一组地识字,使识字教学化难为易,化繁为简,教学效率高,教学效果好。第三,集中识字帮学生建构起归纳演绎思维能力,有利于学生今后独立识字。

但我们在课堂教学中也会发现:一方面,集中识字脱离了具体语境,字义理解、复习巩固都较为困难,学生出现回生的现象比较严重;另一方面,由于学生所处年龄阶段的特殊性,他们大多活泼好动、思维活跃,注意力难以长时间集中在一种事物上。长时间的集中识字,会让其感到厌烦而影响教学效果。

分散识字形成于 20 世纪 60 年代初,也叫"随课文分散识字"。这种识字主张把生字、生词放在特定的语言环境,即具体的一篇篇课文中来感知、理解和掌握。把识字和阅读结合在一起,识字在语境中进行,从而形成了"字不离词,词不离句,句不离文"的教学主张。

在长期的教学实践中,分散识字也呈现了其独有的优势:第一,分散识字将识字寓于具体的课文、具体的语境之中,能于无形中调动学生识字的兴趣,同时有利于其识字的巩固。第二,分散识字便于学生对字音、字义的把握。第三,因为分散识字寓识字于阅读之中,所以在识字的同时可以通过阅读,发展学生的智力和语言。

当然分散识字也有其局限性。分散识字将识字寓于课文之中,使教学的重点在识字和课文之间频繁转换，在一定程度上容易影响学生对课文整体内涵的把握。再者，分散识字只能因文定字，所以比较难照顾汉字的繁易以及它的构字规律。

为此，很多研究者提出将集中识字与分散识字相结合，因循具体的教学实际，包括教材的特点、学生需要、实际教学情况等，恰当选择集中识字或分散识字的方法，提高识字教学效率。需要注意的是，尽量不破坏课文理解的整体性，不打断课文的情感线索是分散识字的重要原则；尽量保证汉字学习与意义理解相结合，避免孤立学习汉字本身是集中识字的重要原则。下面这个例子可以让我们有所借鉴。

案例指引七：不打断阅读理解的分散识字①

教学内容：二年级《丑小鸭》教学片段（人教版课标实验教材）

创设情境导入。

师：这就是今天我们学习的课文《丑小鸭》，看老师板书课题。

师：丑小鸭的"鸭"是我们今天要学习的生字，怎么才能记住这个字呢？

生：……

师：同学们的办法都很好，在写这个字的时候需要注意哪些问题呢？

生：观察田字格中的生字，说注意点。

师：二年级在观察生字时要一看高低；二看宽窄；三看关键笔画。

师"三看"观察"鸭"。

师：我们一起书空这个字。

师：本课还有一个生字，意思也是一种家养的禽类，就是"鹅"。（出示鹅的图片及田字格中的"鹅"）

师：你见过这种动物吗？

师：怎么才能记住这个字呢？

师生运用"三看"的办法观察"鹅"。

师生共同书空"鹅"。

师：课文讲了丑小鸭的什么故事呢？请大家轻声读课文。

（进入课文的学习，感悟丑小鸭的"丑"……）

---

① 本案例出自北京市第一届小学语文青年教师教学观摩活动，执教者为燕山区羊耳峪小学教师张颖

师：就是这只丑小鸭，哥哥姐姐咬他，公鸡啄他，用课文中的一句话就是……

生："每个人都欺负他。"

师："欺负"也是我们这节课要学的生字。怎么记住它们呢？

知道它的长处

《丑小鸭》一课共有 14 个字要求会认，12 个字要求会写，识字量还是比较大的。如果全部集中在一起进行学习，容易使学生感觉枯燥无味，影响学习效果；如果全部分散到课文中随文学习，又容易使课文的理解被切割成很多碎片，影响理解的整体性。

这位教师很巧妙地将集中识字和随文识字结合在一起运用。第一，集中识记"鸭"和"鹅"。在导入课题之后，教师首先安排了集中识记和课题有着紧密联系的两个生字——"鸭"和"鹅"。由于此时刚刚引入课题，学生还没有开始新课文的学习，此时安排集中识记两个生字并不影响学生对课文的整体理解，同时又利用了课题本身的资源。学生识记的效果是比较好的。另外，教师在此处仅安排与课题关系最紧密的两个生字，并没有把其他生字都放在此处一并学习，所以也没有造成生字学习的枯燥。第二，随文学习"欺负"。在学到第三段后，教师安排随课文识记"欺负"，这样的安排有利于学生理解"欺负"这个词的意思，同时对学生理解文本内容也是有帮助的。另外，考虑到"欺负"本身的字形识记难度不大，也为了保证阅读理解的完整性，教师在"欺负"学习的过程中只简单让学生识记了字形就带过了，并没有在"欺负"二字的识记上做过多的停留。第三，集中书写"欺负""鸭""讨厌"。在前面学习的基础上，教师创设了一个能够衔接上下文理解的情境，集中安排这几个生字的书写，落实了生字学习的要求。也正因为这样一个情境设计，使得生字的书写不脱离课文的情境和情感。

纵观这个教学片段的设计，我们能够发现，这些做法究其根本在于结合所识汉字的实际情况，在具体的文境、文情中安排集中或分散识字。

当然，不论是集中识字还是分散识字，把握好识字的量与度是非常重要的，比如下面这个案例。

案例指引八：隐藏在分散形式下的集中识字①

教学内容：二年级上册《朱德的扁担》识字教学片段（苏教版课标实验教材《小学语文》）

生朗读课文第一自然段。

师：是啊！这个自然段中藏着很多生字！快找一找，比一比谁的眼睛亮！

生：我找到了"朱""志""冈"这三个字。

师：这么多生字宝宝，只有把它们学会了，我们才能把这个自然段读正确了，你们有什么好办法记住它们吗？

学生自由识记生字的字形。

师：刚才我们在朗读课文的过程中学习了三个生字，现在请你再来读读第三自然段，相信你一定能把这一段读得正确流利。

这一段的教学，看似随文识字，实际上是集中识字。学生虽然已经将课文第一自然段读了一遍，但在学习生字时，仍然脱离了具体的语言环境，没有真正做到"字不离词、词不离句、句不离文"。随文识字讲究"随文"二字，将生字教学的环节分散在学习课文的各个环节中，例如，可以在揭题的时候学习，可以在理解词语的时候学习，还可以在理清课文思路的时候学习。也有教师在执教时是这样处理的。

师：（出示朱德的画像）你们知道他是谁吗？

生：朱德。

师：朱德是个怎样的人？

生：他和毛主席、周总理一样，是伟大的领袖。

师板书"朱德"二字，边板书边说：'朱'是我们今天要学的第一个生字，你认识它吗？

生：认识，它是我们刚学的"水珠"的"珠"的右半部分。

师指名读课文第一自然段。简单介绍井冈山。

师：（拿出生词卡片"井冈山"）读一读这个词，想一想，读时需要注意什么？

生："冈"是第一声。

---

① http://www.pep.com.cn/xiaoyu/jiaoshi/jxyj _ 1/shizi/sz1/201406/t20140625 _ 1211880. htm，芮晓菊，低年级"随文识字"教学的误区及对策

相比前一个教学片段，这位教师的执教就更加分散了，学生在初时课题时就认识了"朱"字，了解了朱德；基于教师对井冈山的介绍，认识了"冈"字。教师把学习生字的过程与阅读推进的过程巧妙地结合在一起，充分调动了学生的多种感官，使他们积极地参与到学习生字的过程中，优化了识字过程，提高了随文识字的效率。

（四）学用结合

《语文课程标准》指出，语文课程致力于培养学生的语言文字运用能力。识字教学要注意儿童心理特点……引导他们利用各种机会主动识字，力求识用结合[①]。结合教学的实际情况，识字教学中对汉字本身的识记，我们是不缺乏成功经验的；而对于如何将识记汉字与运用汉字相结合，如何为学生创设运用汉字的机会，则是需要我们持续探索的。下面给出的《蚯蚓垃圾处理厂》一课，应该能为我们带来一些启发。

案例指引九：学用结合[②]

教学内容：二年级下册《蚯蚓垃圾处理厂》教学片段（北京市义务课程改革实验教材《小学语文》）

学习完课文，准备进入生字书写环节。老师安排了如下教学内容。

师：为了表扬蚯蚓在垃圾处理过程中做出的巨大贡献，小动物们为蚯蚓准备了一张奖状。但是奖状中还缺几个字，你能帮小动物们补全这个奖状吗？

奖状

蚯蚓：

你在保护 ☐☐ 、治理 ☐☐ 方面为森林做出了巨大贡献，特发此状，以

示 ☐☐ 。

森林工作委员会

5 月 8 日

---

① 中华人民共和国教育部制定．义务教育语文课程标准(2011年版)．北京：北京师范大学出版社，2012：21

② 本案例由李英杰提供

知道它的长处

这个教学片段是教师在《蚯蚓垃圾处理厂》一课学习课文之后安排的一个教学环节。这个教学环节同时融合了写字、阅读、表达三重功能。它致力于学习书写本课的几个生字——环境、污染、表扬。它致力于深入理解蚯蚓对森林环境做出的贡献。同时是对读课文后情感抒发需要的自然满足。这三重功能都能通过这一个教学环节得以较好地落实。在此，我们仅将目光聚焦于本环节对学生识字能力的培养上。

在初步接触课文时，教师已经带领学生学习了生字"环境"并进行了书空；在学习第三段时，教师已经和学生一起学习了"污染""表扬"两个词，但只是识记了字形，并没有书空。应该说，这两处教学环节，特别是"污染"和"表扬"的教学，没有将识字和写字安排在一起，保证了阅读理解的完整性和流畅性。在此处安排集中书空，既是前面生字学习的一次及时复现，又为学生创设了运用汉字的情境，使得这几个生字的学习因需而生，激发了学生的学习需要。同时还顺应阅读理解的需要，自然地将字词学习与阅读理解结合在一起。

应该说，汉字表意文字的特点本身决定了汉字的学习本就是意义的学习，汉字学习的过程就是学生认识事物、理解世界的过程。因此，汉字学习不能脱离运用进行孤立的学习，而是要尽可能地为学生创设汉字学习的语境（可以是词语、句子，也可以是一个情境），让学生在一定的运用情境中学习汉字，在汉字的运用中学习汉字。

二、以"学生为本"的识字教学

传统教学，教师的出发点是"我"，考虑的往往是"我"要如何做才能上好一节课。教学中的每一步应该做什么，甚至每一句话说什么都要事先设计好。按照这个逻辑，那些能够按照自己的想法完成的课就是好课，相反则是不成功的课。但是新课程强调学生是学习的主体，教师在教学中起主导作用，强调教学应以学生为本，要从"学生"出发设计教学。

那么，在识字教学中如何实现这一转变，做到以学生为本呢？下面几个案例为我们提供了思考问题的多种角度。参看这几个案例，我们既可以反思自己的教学，又可以学习他人的经验。

(一)利用儿童的既有经验

建构主义的观点认为,任何学习都是在原有认知结构基础上进行的同化或者顺应的过程。每个学生都不是一张白纸,他们既有的学习、生活经验都会对其学习造成影响。特别是随着我国教育事业的迅速发展,儿童在社会生活中受教育的程度不断提高,学生之间的经验差异也在不断扩大。2000 年以后,有研究者曾连续 3 年对学龄前儿童的识字量进行测试,发现儿童学龄前的识字量有不断提高的趋势。而入学儿童识字量的增加,使小学低年级识字教学陷入非常尴尬的境地!对大多数儿童而言,识字教学不能从零起点开始。因为这不仅浪费儿童的智力资源,还会挫伤他们的学习热情。然而对另一部分学生(大约 15%)而言,识字教学又不得不从零起点开始。因为他们的识字量不到 20 个,不从零起点开始,就意味着他们将输在起跑线上。基础教育必须满足这部分儿童应该享受的教育权利,否则对他们不公平[1](见表 1.1、表1.2)。

表 1.1　上海市入学儿童初始识字量统计

测试时间	测试人数/人	平均识别量/字	识字最多的学校/字	识字最少的学校/字
2000 年 9 月	560	128.5	195	40
2001 年 9 月	1200	119.5	183	44
2003 年 9 月	2928	263	355	135

注:以上识字标准为看到字能够识读,不要求会默写。本文中的识字均为此标准。

表 1.2　浙江省三所城镇小学入学儿童初始识字量统计

测试时间	测试人数/人	平均识别量/字	识字最多的学校/字	识字最少的学校/字
2000 年 9 月	210	112	158	62.8
2003 年 9 月	324	130	167	64.6

从长远看,由于学生家庭背景不同和各地区社会经济文化发展的不平衡,儿童在校外受教育的程度始终存在差异,因此生活经验的差异、识字量的差异也将长期存在。如何利用好儿童的既有经验,是每一名教育者不得不思考

---

[1]　吴忠豪.小学"自主识字"实验研究.中国小学语文教学论坛,2005(9)

的问题。针对这种情况，《语文课程标准》实施建议中指出：识字教学要将儿童熟识的语言因素作为主要材料，同时充分利用儿童的生活经验，注重教给识字方法，力求识用结合。

案例指引十：猜猜看[①]

教学内容：一年级下册《不正就是歪》教学片段(北京市义务课程改革实验教材《小学语文》)

执教者：田洋

一、"看图猜字"——复习铺垫，激发兴趣

师：(出示投影)有几位我们熟悉的汉字朋友藏在画中。猜对了，它就会跑出来和我们见面呢！

1. 复习熟字：火、木、手、人。

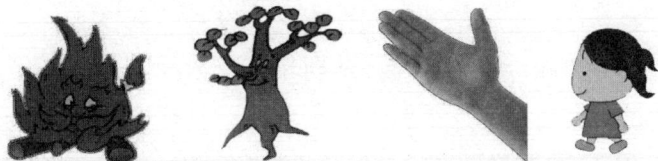

▲投影：

师：谁猜到了？快叫叫它的名字。

小结：你们看，这些字和画中的样子真是太像了。我们祖国的汉字多么形象、有趣啊！

二、"捉迷藏"——读好儿歌，认读生字。

1. 游戏：看图尝试猜生字

师：这节课，教师要带同学们到"汉字乐园"玩。乐园中有趣的游戏正等着我们呢，赶快出发吧！

师：看！第一个游戏："捉迷藏"。这几幅画刚刚见过呀？仔细看，它们变了！有些画组合在了一起。看着这几幅画，你又会猜到哪几个字呢？为什么呢？

---

① 本案例由北京市丰台区实验小学田洋执教，曾获得 2013 年北京市第一届语文教学观摩活动特等奖

知道它的长处

随着社会信息传播途径的不断扩大，当学生走进校门的时候，已经不同程度地认识了一些汉字，我们的识字教学是否还要从零开始？从田老师的教学中我们可以看到，他充分尊重和利用了学生掌握生字的既有经验，并由此提高了识字教学的效率。

这一课的生字大多是会意字，学生以往学过的独体字可以成为本节课学习的好基础。如果再一个一个教下来，那么不仅教师教得非常累，而且学生也会学得很无趣。为此，田老师巧妙地利用了学生的既有经验，首先引导学生回顾以往学过的汉字，通过看图猜字小游戏，引领学生兴致盎然地复习了几个熟字"火、木、手、人"及偏旁"宝盖儿"的意思。这几个字与偏旁正是构成本课生字的构字部件，降低了本节课学习的难度。在此基础上，独体字组合成新的汉字。图画组合的过程，既强化了汉字的表意特点，同时渗透了会意字的特点，并且也是刺激学生视觉感官，激发学生识字兴趣的过程。

(二)激发学生学习的主动性

《语文课程标准》指出，学生是语文学习的主体，语文教学应激发学生的学习兴趣，培养学生自主学习的意识和习惯[①]，要实现"以学生为本"的识字教学，激发学生的学习主动性是必不可少的。

面对学生已经或多或少掌握的学习内容，教师如何开展教学，才能既保证所有学生都达到教学目标，又保证所有学生都积极主动地参与到学习的过程中呢？《识字6》这一教学片段或许可以给我们带来一些启发。

案例指引十一：我是老师的小助手[②]

---

① 中华人民共和国教育部制定．义务教育语文课程标准(2011年版)．北京：北京师范大学出版社，2012：19

② 本案例出自北京市第一届小学语文青年教师教学观摩活动，执教者为东城区前门小学教师陈佳

教学内容：一年级下册《识字6》。（人民教育出版社课改实验教材）

教学环节一

发给每位同学一张未涂色的小葵花图片，每个花瓣中有一个本课要学的生字。

师：请学生为小葵花涂色，把自己认识的字所在的花瓣都涂上颜色。

师：所有花瓣都涂上的同学把小葵花贴到黑板上。

依次统计涂10瓣以上、5～9瓣、4瓣以下的学生人数。（有6位同学只涂了4瓣以下）

师：今天这节课我们要学习的生字比较多，老师需要几个小助手，谁愿意给老师当小助手？

很多学生举手。

师：就请刚才的6位同学做老师的小助手吧。

黑板贴出本课所有生字。

教师和学生一起，把多数学生认识的生字翻成红色，请小助手领读。在后续学习过程中也随时请小助手领读。学习最难的4个生字时，请全部都涂了色的学生教给大家。

教学环节二

一、根据学情，首先识认学生比较熟悉的几个生字

师：从课前的游戏中，老师发现，这几个字（把黑板上的字卡"海""鸥""铜""号""领""军"翻转过来。）很多同学都涂上了颜色、已经是你们的老朋友了！让我们再来和它们打打招呼吧！

师：小助手，请你来教大家读读这个词语。

师：老师还没教，在学习课文之前，你是在哪认识这些字的？

师：你来读读书中的这个词"军舰"（课件：带拼音"军舰"）。指名读读。

师：你还可以用"军"组个词吗？（预设：军人、军队、军旗、解放军、建军节、军火、军营、军长……）

师：我们怎么记住"军"字呢？

生：上面是秃宝盖，下面是车。

师：看来，大家对"军"还真是挺熟悉的！大家抬头看屏幕，这是古时候的战车，古代军队打仗要靠战车摆开军阵（课件兵阵），后来（课件：田字格），人们用秃宝盖（课件：田字格中出现"秃宝盖"）表示军阵的形状，把"车"放在

下面(课件：田字格中出现"车")，合起来就是——"军"，对，就是"军舰"的"军"字。记住了吗？小助手，请你带着大家读一读。

师：伸出手，跟我一起写一写"军"字。(教师范写"军"：秃宝盖要写的窄一些，下面车的这一笔撇折，折刚好压在横中线上，下面一笔横要写的长一些，最后一笔竖要压住竖中线。学生书空)大家一起读读这个字。

二、根据学情，借助"相同部首"引导学生进行字族识字

1."滩""溪"

请你仔细观察，还有谁跟"海"一样，也带有三点水旁呢？

(1)这个同学，请你说说——"溪"和"滩"。(请学生上前摘字卡"溪""滩"，教师帮助)

(2)这三个字都有三点水偏旁，带有三点水偏旁的字表示和什么有关系？(水)

(3)(课件：出配图片的词语"小溪""沙滩")

老师指图：海边的这一片就是——"沙滩"；这潺潺流淌的是——"小溪"。

(老师拿词卡让小助手读)我的小助手，请你来教大家读这个词语。"沙滩""小溪""一道小溪""一片沙滩"。

(4)这三个字都有三点水偏旁，原来它们是一家人啊！

2."稻""秧"

(课件生字：所有生字)

(1)剩下的生字，还有两个字也有相同的偏旁，也是一家人，你找到了吗？

(学生找到"秧"和"稻"字)(老师仍旧贴蓝色字卡——"秧""稻")

(2)这位同学，请你带着我们读一读。

我的小助手呢？你也来读读。

(3)孩子们认真看，它们都有"禾"字旁，跟什么有关系呢？(和庄稼有关系)

(4)(课件：出示秧苗、稻田图片)陈老师的小助手，你来读读这个词语。(秧苗、一畦秧苗；稻田、一块稻田)

小朋友们，你们看，新朋友是不是很好认呢？看，我们又认识了这么多生字宝宝，我们再来读读《识字6》。

三、根据学情，引导学生同伴互助，自主识字

在大家的共同学习中，我们又认识了更多的生字宝宝，真了不起！

我这里也有几朵葵花，如果你读准字音，这些葵花也会开放。好，我们开始吧！

第一组：含苞的葵花（上面有字）：领、溪、滩、秧、稻

点开上面这些含苞的葵花后，出现词语：红领巾、小溪、沙滩、秧苗、稻田

第二组：含苞的葵花（上面没有字，点开后才出现字词）：一只海鸥（男生读）、一把铜号（女生读）

小朋友们的字音读的真准，现在我们能把（手指）"溪、滩、秧、稻"这四个字变成红颜色了吧！你可要读准啊！

第三组：（老师指黑板）还有四个字我们没有读过，谁愿意到前面来当个小老师，教大家认识认识它们。

学生自主识记"舰、帆、塘、竿"。（认完后翻转黑板上的字卡，变为红色）

当生说到"舰"时，老师随机指导识记"舰"。

（1）说说你是怎么记住"舰"的。老师出字理：快看，这是什么？

 古人把这样的小船叫作舟。古人是这样写 的，是不是和小船很像呢？现在的"舟"字是这样写的"舟"。"舟"字还可以看到小船的影子呢？

带有舟字旁的字，都和"船"有关系。我们再来读读这个字——舰。

（2）（课件出"军舰"图）这就是军舰，再读读——军舰。

在海上执行军事任务的大型船只就是军舰，所以读一读——一艘军舰，你读读（3个小老师）；全班齐读；小助手你也读读（小助手）。

生：一艘军舰。

（3）和军舰相比，它（课件：帆船和帆船图）可就小多了，读读——一条帆船。

现在我们能帮助它们开花了吧？（课件出示含苞的葵花：舰、帆、塘、竿）学生读字音，开出花朵，出示词语"一艘军舰，一条帆船，一方鱼塘，一竿翠竹"。

知道它的长处

在上面这个教学片段中，教师在激发学生学习的主动性方面有这样几点

是值得我们思考的。

首先，充分预设学生学习起点的差异是激发学生学习主动性的前提。只有针对学生实际情况设计的教学才是学生能接受、乐参与的教学。如果教师对学生的学习基础完全不知情，那么所设计的调动学生学习主动性的教学手段也只能停留于表面热闹，难以从学习需要的角度真正激发学生学习的主动性。上面这个教学片段中，教师通过给小葵花涂色这一游戏环节，让学生充分展示了他们的学习起点，教师准确把握了学生实际的学习起点，为后面的有效教学奠定了基础。

其次，分层教学是激发学生学习主动性的重要手段。在《识字6》的教学中，教师针对教学内容的特点和学生的学习起点将教学内容分为三层。第一层是大多数学生都掌握的汉字。针对这部分内容，教师将教学的重点集中于学习起点较低的那部分学生，采用教学小助手的方式，调动他们的学习主动性。第二层是学生不太熟悉，在本课中又有一定规律的汉字。教师基于本课生字的特点，进行字理识字；借助"相同部首"，引导学生进行字族识字。在这个过程中，面向全体学生展开教学，同时关注学习起点较低的学生，调动所有学生的学习主动性，完成教学重点的学习。第三层是4个比较难的生字。教师调动学习起点较高的学生的学习主动性，安排他们作为小教师教给其他学生。这样的安排，结合不同的教学内容关注了不同层面学生学习的积极性，使全体学生都能在一个积极的氛围下参与学习。

最后，保护学生的自尊心和求知欲是激发学生学习主动性的基础。在《识字6》的教学中，教师采用了给小葵花涂色、请小助手、安排小教师等教学方式，使得教师了解学生学习起点、分层教学等教学意图都巧妙地隐含在了教学活动中。即使是最差的学生也没有觉得自己是最差的，而是成了教师的小助手，整节课都在帮助教师开展教学，最后还得到了教师的肯定。正是由于教师对学生自尊心和求知欲的保护，才使得学生的学习兴趣更浓、主动性更强。

(三)抓住课堂中的生成点

课堂教学是需要预设的，一定的预设是保证课堂教学效果的前提。但是，课堂教学又不能拘泥于预设。课堂教学的情境性决定了它是不断生成的。拘泥于预设，必将忽视学生学习的实际需要，影响学习的效果。因此，教师在进行识字教学时，应随时抓住课堂中的生成点，调整自己的教学预设，构建以学生学习为本的课堂教学。

案例指引十二："辩"和"辨"①

记得听过这么一节课，一位教师在教学过程中，让学生到黑板上写下每段的小标题。一位学生误把"辩"写成了"辨"。其他同学看到了，马上纠正："不对，不对，应该是'辩论'的'辩'！"教师听了，也纠正该生说："中间应该写成'讠'，请你把它改过来。大家千万别和他犯一样的错误啊！"接着，教师又继续下面的教学了。

案例指引十三："漫游"和"慢游"②

还有一次听课，一位老师讲六年级的课文《天然动物园漫游记》。在讲课过程中，教师提问："'漫游'是什么意思？"一位同学站起来回答说："'漫游'就是车慢慢地走。"很明显，学生将"漫游"理解成了"慢游"。面对这种情况，只听教师说："其他同学的意见都一样吗？"又一位同学站起来说："教师，我认为'漫游'的意思是自由自在地游览。"教师又说："到底是什么意思呢？请同学们拿出字典，迅速地查一查。"同学们经过查字典，一致认识到此"漫"非彼"慢"，"漫游"的意思应该是自由自在地游览。

需要讨论的问题

新课程强调学生是学习的主人，教学应以学生为本。但是在教学实施的过程中，教师常常不自觉地替代了学生，过分发挥了"导"的作用，认为只有这样，才能保证教学的顺利实施，保证教学的效果。例如，第一个案例中，面对学生暴露出的学习问题——因为混淆了形近字"辩"和"辨"，所以不能正确书写"辩"字，老师并没有考虑学生为什么出现这种问题，如何解决学生的问题，而是考虑如何能按照自己的教学设计"顺利"地进行教学。因此，一旦有学生纠正"应该是'辩论'的'辩'"时，教师就"顺势"又转到了自己预设的教学上来了。对形近字"辩"和"辨"进行比较教学的良好契机一闪而过，但学生的问题真正解决了吗？教师的教学到底是以学生为本，还是以自己的预设为本？

同样是形近字混淆的问题，第二个案例中，学生混淆了形近字"漫"和"慢"，但这位教师却采用了一种截然不同的处理方式。教师面对学生不能正确解释"漫游"的问题，不仅敏锐地发现了问题的背后是学生对"漫"和"慢"的

---

① 本案例由李英杰提供

② 本案例由李英杰提供

区分不清，并且还及时调整了自己的教学，安排学生通过查字典，自主找出"漫"和"慢"的区别，并确定"漫游"的意思。虽然表面上看，这位教师的教学没有按照预设进行，但恰恰是这样的教学才是真正的以学生为本的教学。

教师常常会抱怨识字教学难，特别是形近字教学难。花了很多时间专门进行形近字比较，学生还是记不住。问题出在哪儿呢？我们的教师往往习惯于在专门的时间集中解决专门的问题(如集中一两节课解决形近字的问题)，但是却忽略了"积小流以成江河，积跬步以至千里"的道理。从上面两个案例不难看出，教育契机蕴含在每一个教育的细节中，如果教师能够从学生的学习需要出发，随时抓住这些可遇而不可求的教育契机，把问题分散到日常的教学中去，那么教学的效果自然会得到提高。不要总是到了教师想解决某些问题的时候才注意到问题的存在。

(四)创设识字的语言环境

识字教学不能孤立地进行。特级教师斯霞曾经说过："语言、文字、思想、知识不是孤零零地分别教给儿童的。"在识字教学中，学用结合是开启儿童心扉的好办法。识了字就要用。用多了，用熟了，就能"生巧"。这个"巧"就是智力。从这个意义上说，识字和听说读写应是一体，不能人为地把它们分割开来。

笔者曾看到过这样一个实验：老师请学生交流课外阅读的作品，一位同学拿着一本《水浒传》熟练地向大家介绍。等他介绍完以后，老师马上将"浒"字写在黑板上请他认，不料他大声地读出"xǔ"。接着老师又在黑板上一起写出了"水浒传"三个字，有趣的现象出现了——他顺利地读出"shuǐ hǔ zhuàn"。由此可见，学生识字是要以语言环境为依托的，离开了语言环境孤立地进行识字教学，必然是耗时多而收效微。

因此，教师必须把识字与阅读相结合，做到"字不离词，词不离句"，让学生在一定的语境中学习汉字，在语言实践活动中学习汉字，从而达到通过识字帮助阅读，通过阅读促进识字的目的。

案例指引十四：徜徉在春天的美景中，让课堂充满诗情画意[①]

教学内容：三年级下册《燕子》教学片段(人民教育出版社课程标准实验教

---

① 尹超，在路上——北大附小教学获奖案例解析(语文·英语篇).北京：北京大学出版社.2010：7

材《小学语文》）

执教者：北京大学附属小学张群老师。

师：请大家打开课文，自由读课文，注意读准字音，读通句子，把课文中的生字、生词标出来。（生自由读课文）

师：指名分自然段朗读课文，随文指导生字字音，重点指导"掠""沾"等字的字音。

结合文中语句学习字词。

句子一：青的草，绿的叶，各色鲜艳的花，都像赶集似的聚拢来，形成了光彩夺目的春天。

（让学生结合生活经验做一做"聚拢"这个动作，说一说它的反义词）

句子二：有的横掠过湖面，尾尖偶尔沾了一下水面，就看到波纹一圈一圈地荡漾开去。

①学生借助工具书理解"掠"的意思。

②指导易错字"偶""漾"。

③重点指导"偶"字右边的写法。老师范写，学生仔细观察后练习书写，同桌互相检查。

知道它的长处

在这个教学环节中，教师引导学生矫正了"掠""沾"等字的字音，由生字巧妙地带出了两个难读的句子，联系课文、利用工具书理解了"聚拢、横掠、偶尔、荡漾"等词语的意思。为读通课文、理解课文内容扫清了障碍。

教学中，教师做到了"字不离词，词不离句"，对词语的学习紧密结合上下文，在语言环境中进行。例如，"聚拢"的学习，教师在学生知道了字音的情况下并没有急着往下进行，而是进一步引导做一做"聚拢"这个动作，"说一说它的反义词"，通过这样的方式帮助学生真正实现了对"聚拢"一词的理解。这种联系上下文，在语言环境中理解词语的办法，降低了词语理解的难度，符合小学生的学习规律。

案例指引十五：和生字捉迷藏[①]

师：同学们真聪明，想了这么多办法，交了这么多朋友！现在这些生字朋友想再请你们一起玩一个捉迷藏的游戏，愿意吗？

---

① 本案例由李英杰提供

生：（大声地齐说）愿意！

师：（将生字隐藏在一小段课外短文中出现）你在哪句话中找到了你的朋友，就大声地把这句话读出来，好吗？

（学生们纷纷指手画脚、摇头晃脑地读着这些句子）

师：（课件演示）哪位同学找着你的朋友了，只要轻轻一点鼠标，你的这个朋友就会红着脸和你打招呼的。谁来试试？

（学生们兴趣浓厚，争着上前演示。一学生被请上台）

生：我找的这个朋友在这句话中。（大雪继续纷纷扬扬，车外是一片洁净的世界）（生轻点"纷纷扬扬"，字变红色）我会读！（接着把句子读了一遍）

师：谢谢你！说说他读得怎么样？

生：他的声音很响亮，字音也读准了！

生：我认为他没读好！这句话读得应该比较慢，可他却读得有点儿快。

师：你为什么认为这句话读得应该比较慢？

生：因为纷纷扬扬是形容雪很大，不可能很快掉下来。

师：想得真好！请你读一读，好吗？

生：好的！（读了一遍，语速较慢）

师：我还想请刚才那位同学再读一读，好吗？

（刚才演示的那位同学又读了一遍）

师：还有哪些同学找到了你的朋友？

知道它的长处

传统的识字教学中，教师总是为识字而识字，字一搬家，学生和它又变成了陌路人。因此我们提倡要在一定的语言情境中识字。但是这里要正确理解"一定的语言情境"，不能狭义地将其理解为课文中的上下句。语言情境既应包括课文中的上下文，也应包括由教师创设的新的语言材料。上面这个教学片段中，教师就是在学生初学汉字之后，又选取了一个新的语言环境——一小段课外短文，让学生在新的语言情境中去找、去读、去悟。通过找，学生回顾了字形；通过读，学生复习了字音；通过悟，学生领会了字义。同时，新的语言环境也为学生达到《语文课程标准》"在本课中会认，过渡到其他语言环境中也能认识"的要求提供了"练兵场"。

另外，教师在这一教学片段中创设了一个非常生动的教学情境——和好朋友捉迷藏。通过这个情境，让学生在游戏中、在不知不觉中识记和巩固了本课要认的生字。同时，教师还充分发挥了多媒体的作用——学生一点，生字的脸就会变红。通过这一小技巧，吸引学生更好地投入到与好朋友捉迷藏的游戏中去，从而使学生参与识字的主动程度得到极大的提高。在这个教学片段中，教师并没有压制性地"施教"，学生却能够主动参与其中，积极自我展示。这正是兴趣在识字过程中发挥的重要作用。

（五）综合运用多种识字方法

在过去很长一段时间里，"独体字问多少画，合体字问是什么结构"是教师进行识字教学的主流教法，从读字音到分析字形，再到组词、造句、练写是识字教学的一贯流程，而死记硬背则是学生学习汉字的不二法门。一味地被动识字，不仅识字的效率低，而且还在一定程度上束缚了学生思维的发展，学习的兴趣也就可想而知了。

近几十年来，广大教师和教育工作者为探求最优的识字教学方法下了很大工夫，做了许多探讨，并先后创造了30多种识字教学方法，如集中识字、分散识字、部件识字、注音识字、字根识字、联想识字、韵语识字、趣味识字、口诀识字、字谜识字、字理识字、计算机辅助识字等。这些识字方法各有所长，也各有所短。教师在教学中应根据学生学习的实际需要，针对每个要学习的生字的特点，综合运用多种识字方法，提高识字教学效率。正如王宁教授在《汉字教学原理与各类教学方法的科学运用》中指出的："没有一种教学法是适用于教学的各个阶段和各个汉字字符的。识字教法的多元不单是适应学生学习的不同阶段，也是为了对付汉字的复杂情况。我们应当提倡教学方法和教学策略的多元化，因为各种识字法具有各自的价值，并无对立性，属于不同的教学途径和不同的教学切入口，适用于不同的学段，应当取长补短，自觉综合运用。"

案例指引十六：综合运用多种识字方法[①]

教学内容：一年级上册《冬天是个魔术师》（课标实验教材北师大版《小学语文》）

执教者：北京大学附属小学张文光老师。

一、激趣导入，揭示课题

① 尹超，在路上——北大附小教学获奖案例解析（语文·英语篇）．北京：北京大学出版社．2010：7

1. 猜谜语"一根小棒手里挥，黑色帽子头上戴，变这变那真奇妙！请你猜猜他是谁？"。（板书：魔术师）

2. 师：魔术师的本领真大啊！其实，冬天也是个魔术师，它的本领可神奇了。请同学们伸出小手，我们来写写"冬"（板书：冬天是个……）

二、初读课文，识记生字

师：冬天这个魔术师会变什么魔术呢？让我们一起来看看吧！请同学们手指课文，听老师读一遍，老师读到哪你就指到哪。同学们要认真看书，听准字音。

师：这个魔术师神奇吗？你们也来读一读吧！请同学们边读边在课文中标出自然段。如果在读课文时遇到了不认识的字，请你把它圈出来。读完后，可以问问旁边的同学，也可以拼拼音节，把字音读准。请你自己手指课文，小声读一读吧。

师：小魔术师看到大家读书这么认真，把魔术棒一挥，将生字宝宝请了出来，大家快大声读出它的名字。（出示"口"）

师："口"可以作偏旁。看，魔术师给他加了一部分，变成了什么字？（出示"吹""呼"）读读这两个字。请你吹口气，再深呼吸一下。

（出示"也"）

师：谁来当当魔术师，给"也"加一部分变成新字。（出示"地""他"）

师：谁能再来读读这个句子？（出示"他'呼'地一吹，满天飘起了雪花，一会儿大地就变白了。"）看看变红的音节，你发现了什么？

师："地"是多音字，大家再读读这个句子。

师：（出示"领"）读读这个词（出示"本领"），课文中说谁的本领大？读一读（出示"冬天的本领真大啊！"）再读读这个字（"真"字变大）。它的反义词是什么？

师：魔术师又变出了词宝宝，大家快读一读。（出示"那些""变成""围巾""长跑"）

师：自己再读一读，记住这些词，一会儿魔术师要把其中一个词宝宝变没了。

知道它的长处

上面这个案例，教学内容是北师大版小学语文第一册《冬天是个魔术师》。这个教学设计最突出的亮点在于，教师在整个教学过程中，结合学生的学习需要以及不同生字的不同特点，选择了多种不同的识字方法。

在学习"吹""呼"两个字时，教师引导学生做动作，体会两个字的意思，同时巧妙渗透了"口"字表意的构字特点，也帮助学生初步感受了利用偏旁归类集中识字的方法。接下来，"他""地"两个字的学习紧接着上一教学环节的节奏，继续利用学生已有的识字经验，从他们熟悉的"也"字开始，用熟字加偏旁的方法进行学习。"领"字是在词语和句子中结合情境认识的，"真"是通过找反义词的方法识记的。多样的识字方法在这一段的教学中得到了有效的运用，学生的识字效率也由此提高。

综合运用多种识字方法，可以有效提高识字教学的效率。但是，不论选择何种教学方式，都应注意到其与汉字构字原理之间的一致性。汉字不仅是一种语言符号，还承载着中华民族灿烂的文化。在识字过程中要让学生初步领悟汉字的文化内涵，不能只关注识字的数量与速度，还应注重中华文化的承传与熏陶。

当前的识字教学中，许多教师为了增强小学生识字的趣味性，降低识字的难度，经常创编一些儿歌、故事、字谜等来解说字形。这种方法如果符合字理，就会提高识字效率。但是如果没有充分注意到汉字的表意特点，不能正确地解说汉字的构字原理，那么，儿歌、故事、字谜就会局限在解析笔画符号的范围内，其结果是把汉字教学成了拆字游戏。特别要指出的是，这些教法还会使汉字形体所负载的大量文化因素不能在识字教学中得到有效利用，会使学生对汉字产生很多不正确的认识，从而影响整个语文学习的效率。

案例指引十七：是"犬"不是"大"[①]

前不久，我听了一位老师的识字教学课，教的是小学语文第三册的"识字学词学句（二）"。老师在教"器"字时，先让学生说一说自己是用什么方法、怎样记住这个字的。老师在总结学生的发言时归纳了一个顺口溜："上两口，下两口，中间一个大，一点别丢掉。"孩子们读了几遍，很快就会背了。可是，在接下来的"写字组词"练习中，不少学生还是把"器"字的"一点"给丢掉了。

需要讨论的问题

在上面这个案例中，教师的初衷是比较好的：希望通过一个顺口溜帮助学生更好地记忆"器"字的字形。但是由于忽略了"器"字的构字原理（《说文

---

① 张红华."器"字到底该怎样记.小学青年教师，2004(3)

器，向器之口，犬所以守之。"器"字在早期的文字中是一个类似"口"字的象形文字，表示装东西的器物。而后又演变成上下左右对称的四个口，表示东西多，财产多。多了怕丢失，需要看护，因此四个口字中间，就出现了一个犬字，变成了今日的器字①），这位教师编的顺口溜就只关注到了"器"字的字形，结果是越想强调越易出错，正是教师顺口溜中的"中间一个大"，无意中误导了孩子们，起到了副作用。孩子们写"器"字时，写过"一个大"后，脑子里闪出的肯定是"下两口"，自然也就把"一点"给丢掉了。如果能够考虑到"器"字的构字原理，这则顺口溜不妨改为"上两口，下两口，中间一条狗"。或者，教师也可以选择其他方法记这个字，如猜字谜："一条狗，四张口。"这样，既提高了学生识记的效果，同时也向学生渗透了汉字本身所蕴含的文化内涵。

新课程强调培养学生喜欢学习汉字的情感，但忽略了汉字文化性的识字教学，不仅不利于识字教学效率的提高，还会损伤学生对汉字的喜爱之情。比如学习"初"字，这是一个会意字，从刀从衣，表示"用刀剪裁布料是制作衣服的开始"之意，本义是开始。很多教师由于不懂"初"的形义关系，只好反复给学生强调该字是"衤"旁，不要少写了一点成了"礻"旁。苦口婆心，费力费时，结果却是很多学生照旧写错这个字，并且认为学习汉字是很枯燥的事情，对学习汉字失去了兴趣。

在进行识字教学的过程中恰当利用汉字的字理特点，讲清汉字音形义之间的关系，不但可以使学生容易记住"形"，而且还能因"形"加深对"义"的理解，培养学生对汉字所蕴含的传统文化的认同。例如，学习"名"字，可以针对小学生形象性强的心理特点，利用"名"字的文化内涵，像讲一个小故事一样向学生讲清这个字的形义关系[这是个会意字，从夕从口，表示傍晚（夕）光线暗互相看不清，人与人之间只好呼叫（口）名字，本义是人的名字]，从而帮助学生记忆这个字并使其产生学习汉字的兴趣。

在利用汉字的文化内涵帮助理解上，特级教师薛法根老师执教的《卧薪尝胆》为我们作了一个很好的示范。

案例指引十八：巧妙理解"奴仆"②

教学内容：三年级上册《卧薪尝胆》教学片段（课标实验教材苏教版《小学

---

① 窦文字，窦勇．汉字字源．长春：吉林文史出版社，2005：141
② 周成平．新课程名师精彩课堂实录．北京：中国科学技术出版社，2005：191

语文》)

师："奴仆"见过吗？

生：见过。电视里那些服侍当官的下人就是奴仆。

生：王宫里的太监也是奴仆。

师：在古代，"奴仆"就是下等人。

生：我家隔壁的人家就有奴仆，那个女的天天给那家人做事。（众笑）

师：那个女的到底是不是奴仆呢？我们先来了解一下什么样的人才是奴仆，老师把他们画出来。你们可要仔细看哟！

师：（在黑板上画"女"字的象形文字。教师侧身站着，低头，俯身，双手前伸交叉在胸前）这是什么人哪？（生笑）这是女人！古代的女人见了男人就要这样，一副温顺的样子。（再画"奴"字的象形文字）尽管女人已经很听话、很温顺了，男人们还是用一只大手一把抓住女人，想打就打，想骂就骂。这样的女人就是"奴"。这个字就是"奴仆"的"奴"。

师：（问刚才的学生）你看到过隔壁家的男人打骂过那个女人吗？（众笑）

生：没有。他们对那个女人挺好的。（众大笑）

师：在我们新中国，人与人是平等的，所以没有"奴"。

生：还有"仆"吗？（众大笑）

师：（在黑板上画"仆"字的象形文字。边画边解说）这是一个侧身站立的人，有人在他头上戴了一个"羊"的标志，表示这是一个战俘或罪犯。在他的屁股后边还要插上几根尾毛，让他走在大街上。（边说边画，众大笑）如果是你，会觉得怎么样？

生：只有动物才有尾巴，很难为情。

师：不把人当人。

生：我会觉得耻辱。

生：我感到是一种屈辱。

生：这是对人的侮辱。

（师板书：耻辱、屈辱、侮辱、羞辱、欺辱。归类，并引导学生齐读）

师：不仅这样羞辱他，而且还要他整天干重活！（师画图形）这样的人过着怎样的生活？

生：过着悲惨的生活。

生：过着猪狗不如的生活！

生：没有任何人身自由，很痛苦！

生：他的命不值钱，说不定什么时候就被杀死了。

……

师：（脸色凝重地）这样的人就是"仆"！这个字就是"奴仆"的"仆"！

知道它的长处

在语文课上体现出文化的积淀，如何做到？薛老师的教学做到了！

为了帮助学生理解"奴仆"一词，薛老师首先让学生回忆"见过奴仆吗"，勾起学生的既有经验。当然，学生的既有经验中对"奴仆"的理解是有偏差的，并且这种偏差恰恰是"奴仆"与一般人最关键的差别所在。薛老师针对这种偏差，从这两个字的字形入手，通过古人造这两个字的过程、背景和图示，帮助学生深入理解"奴仆"的含义——身份卑贱、受到屈辱、干重活……这么做让学生形成了"奴仆"音形义统一的立体印象，并从中感受到了汉字所蕴含的丰富文化，同时激发了学生对汉字探究的兴趣，同时加深了学生对课文的感悟。

在识字教学中渗透汉字的字理知识，科学讲解每个字的形义关系，帮助学生理解和识记。这是提高识字效率的科学方法，实践已证明了这一点。但是，我们也要注意到，汉字经历了几千年演变，虽仍保有其表意文字的特点，但有些字的字理已经变得晦涩、模糊或者发生了转变。教师在实际教学中要考虑有没有必要把每个字的字理都剖析得那么清楚。对于那些能通过简单的形义分析找到其构形原因，通过字理分析能对学生学习有帮助的汉字，教师可以选择做一些字理分析，但是对于那些花了很多力气也讲不清楚字理，或者原始的字理与现在的意思相差比较远的汉字，教师完全可以灵活地处理，选择其他一些更有效的方法进行识字教学。这应因字而异，不能一以概论。

三、养成识字能力的教学策略

《语文课程标准》中明确规定：小学生应累计认识常用汉字3000个，其中2500个左右会写。对第一学段的学生来说，应认识常用汉字1600～1800个，其中800～1000个会写。在"减负"喊得轰轰烈烈、严格控制学生作业量的背景下，这样的识字量无疑是比较大的。如何在不增加学生学业负担的前提下，较好地完成这一教学任务呢？下面几点教学策略也许可以启发我们进一步思考。

(一)激发识字兴趣

现代心理学认为，人处于良好的情绪状态时，注意力、观察力、记忆力、想象力和思维力都会提高。但是传统的识字教学，教师往往沿着读准读音、分析字形(笔画、笔顺、偏旁、结构)，组词，造句，练习书写的步骤展开。教师教得毫无新意，学生学得索然无味，正所谓"未见意趣，必不乐学"。

小学生，特别是低年级学生，由于受年龄和知识水平的限制，他们爱玩、好动，更乐于选择生动、形象、富有情趣的内容和形式进行学习。所以，在进行识字教学时，教师应根据学生的生理特点及发展需要，选择恰当的教学方法，给孩子倾注一种积极的情感，尽可能用自然、巧妙的方式，吸引学生的无意注意，创设丰富多彩且适用有效的识字情境，让孩子们在轻松、愉悦的学习氛围中，完成识字。只有这样，才能真正圆满地完成识字教学任务，真正实现对孩子多角度的智力开发，有效地促进学生的发展。

在实际教学中，教师可通过创设贴近学生生活的教学情境，把孩子的无意注意自然引向和贴近文本，让孩子在不知不觉中对识字产生兴趣。如将课堂变成生字宝宝的"游园会"、"秋季采摘会"、元宵"灯谜会"等。一位教师在教学生学生字时设计了这样的教学情境：一上课，教师就告诉学生，"现在已经是秋天了，树上的苹果都成熟了。今天，我们要帮农民伯伯去摘苹果。"这样的教学情境，激发了学生的学习情趣，为这节课的学习积蕴了积极的情感基础。

另外，教育家卡罗林说：孩子的工作就是游戏，在游戏中激发他们的思维，是他们最愿意接受的。在识字教学中引入各种学生喜欢的游戏，也可以激发学生识字的兴趣，帮助他们维持较长时间的注意力。例如，一位教师在进行识字教学时采用了"小小邮递员"的游戏。教师将带生字的"信"发给学生，收到卡片的学生就举起卡片带领大家读。通过游戏，学生将注意力全部集中到了收信、读生字的学习过程中，学习的效果自然会有所提高。当然，为了使识字课堂上的游戏真正地为教学服务，教师应该多关注学生的兴趣和积极性，并不断提高自身的素质，处理好识字游戏与教学效益的关系，使识字教学中的游戏真正地为教学服务。

巧妙利用多媒体也是激发学生识字兴趣的有效方法之一。根据小学生的生理发展特点，他们对直观、形象的事物往往更有兴趣，记忆也更深刻，多媒体恰恰具有这样的特点。例如，汉字属于图形文字，但是经过几千年的演变，有些汉字已经看不清它原来的图形了。通过多媒体的运用，可以直观、形象地呈现汉字的演变过程，从而激发学生识字的兴趣，唤起学生对汉字中所蕴含的中华文化的热爱。

在识字教学中激发学生兴趣的方法有很多，在此不可能一一列举。但我们必须清楚的是，任何办法都不是万能的。教师需要根据不同的学生、不同的教学内容、教师自身的不同特点有选择地使用、改造，甚至创造新的方法。只有这样，才能真正达到激发学生识字兴趣的目的，提高识字教学的效率。

案例指引十九：爱表演的"小蜻蜓"[①]

教学内容：一年级下册《荷叶圆圆》教学片段（课标实验教材人教版《小学语文》）

执教者：特级教师赵志祥。

师：看来小朋友们把课文读得很好了，动作、表情也不错。该上台表演了。请大家拿出自己喜欢的小动物的头饰戴在头上，准备表演。不过，对大朋友有个要求，表演时除了要有动作和表演，还要有台词，但是不准看书。你们可以用书上的话，也可以用自己的话，你认为怎么好就怎么来。这个要求难吗？

生：不难！

师：好吧！下面我们分组准备。请想表演小水珠的都坐到这里；想表演小蜻蜓的都坐到这里；想表演小青蛙的都坐到这里；想表演小鱼的都坐到那里。

师：请注意，下面各组小朋友要合作干好两件事：一、小组内表演比赛，选出一个表演最棒的上台表演；选好后大家都要帮助他出点子，让他表演得更好，特别要帮他记住生字。二、从课文中找一些问题，准备向别的小组表演的小朋友提问，看谁问得有水平，当一位善于提问的"记者"。开始吧！

（学生分组活动，教师巡视、参与、指导）

师：请表演的同学注意，要把你的生字卡带上，你表演后，"记者"们会考考你认识生字了没有。谁来代表"小蜻蜓"们表演啊？请上台。

---

① 《小学青年教师》编辑部．全国名师新秀大课堂——小学语文案例卷．郑州：大象出版社，2004：87

生：（从座位上"起飞"，"飞"到"大荷叶"上）我是一只小蜻蜓，荷叶是我的停机坪。小蜻蜓立在碧绿的荷叶上，展开透明的翅膀，飞呀飞。

师："碧绿"这个词用得好！不过，你已经立在停机坪上了，还能再"飞呀飞"吗？

生：不能了。

师：那应该怎么说？

生：嗯……

师：谁来帮她？

生：我立在碧绿的荷叶上，展开透明的翅膀，大家看小蜻蜓多美丽呀！

师：好！把"小蜻蜓"三个字改成"我"就更好了！下面请"小水珠""小青蛙""小鱼"开始提问。

生1：小蜻蜓，你的停机坪是什么做的？

生：大荷叶。

生2："停机坪"的"坪"字怎么写？

生：左边一个提土旁，右边是一个"张一平"的"平"。

生3：你的"翅膀"在哪里？

生：（指自己的胳膊）在这里呀。

生3：我是说"翅膀"这两个字。（笑声）

生：谁让你不说清楚的。（从字卡里找到生字"翅膀"）看，在这里。

生4："蜻蜓"两个字为什么要有"虫"字旁呀？

生：因为蜻蜓是一种虫子。对不对？

师：对对对！表演得好，回答问题也好，小脑袋反应也很快。你已经获得了"最佳表演奖"，这个"小蜻蜓"就是你的奖品！大家向她祝贺！（掌声）

知道它的长处

《荷叶圆圆》是一首轻快活泼的散文诗。赵老师结合课文本身的特点以及学生的特点，创设了一个在孩子们眼中近乎玩耍的活动情境——角色表演，引导他们在玩中学、学中玩，使学生在轻松愉快的氛围中，复习巩固了生字、生词。我们可以看到，学生在这个教学片段中的积极性是非常高的。

也正是通过这一游戏情境的设置，教师将识字的自主权交给了学生。教师安排学生充当"记者"向"小蜻蜓"提问。学生们有从字义方面发问的（停机坪是什么？），也有从字形方面发问的（"坪"字怎么写？"蜻蜓"两个字为什么有虫字旁?),这些问题都是学生在学习中出现的"真实"的问题,比起那些教师"假设"的问题,学习的效果会更好。

通过游戏的方式调动学生识字的兴趣,应该特别注意游戏与识字之间的关系。游戏不是目的,通过游戏促进学生识字才是教学的最终目的。在这个教学片段中,赵老师在引导学生游戏的同时,不忘提醒学生"特别是要帮他记住生字"。正是因为教师没有忘记识字的目标,所以学生的游戏是有效的,是有助于其更好地识字的。

(二)养成识字能力

新课程强调培养学生独立学习的能力。正所谓"教育的最终目的是为了帮助孩子适应将来的社会生活",识字教学的最终目的也应该是让孩子具有独立识字的能力,以便在将来的社会生活中进行终身学习。

要培养学生独立识字的能力,教师就不能将目光仅仅盯在一两个生字的字音纠正、字形分析、字义讲解上,而是要关注如何教给学生识字的方法,帮助他们逐步养成独立识字的能力。

第一,教师要把识字的主动权还给学生,让学生成为识字的主体。教师应为学生创设一个轻松愉快的学习环境,让每个学生都动起来,让课堂活起来。如在学习生字之前组织预习活动,让学生凭借既有的经验,自主选择自己感兴趣的方法先自悟自想,识记生字。学生开动脑筋想多种方法识字的过程,就是在将汉字的音形义重新进行编码,把它们鲜活地纳入自己的思维图式的过程。这是典型的巧用旧经验建构、生成新知识的过程。

第二,教师要注意在平常的教学中随时引导学生总结识字方法,使之逐步形成自主识字的能力。如在学习生字时请学生说说自己是用什么方法记住了生字的字音、字形、字义的,通过学生之间的交流,达到相互启发、相互借鉴的作用,从而提高学生识字的能力,增强学习的自信心。在学生介绍自己识字方法的过程中,教师作为教学过程的主导者,可对学生的识字方法进行适时的总结、提升。

第三,运用工具书独立识字。学会查字典。工具书是学生独立识字的好助手,只有学会熟练运用工具书,并养成主动运用工具书的习惯,才能顺利地解决日常读写活动中遇到的识字问题。也只有如此,学生的独立识字能力才能满足实际需要,而不仅仅是"纸上谈兵"的功夫。需要注意的是,教师对学生运用工具书能力的培养应避免为了学习工具书的运用而学习，避免过分拘泥于程序性的知识；而应立足于解决读写活动中的问题，努力创设贴近学生真实生活的问题情境，帮助学生从解决问题的需要出发，有效运用工具书。

案例指引二十：识字也要由此及彼[①]

师：请你们看看这个是什么字？（出示"晴"字）

生：晴！

师：你是怎么认识的？

生：妈妈给我买的零食上就有这个字，我就认识了。

师：你能留心生活中的生字，真是个有心的孩子。我们怎么才能记住这个字呢？

生：左边一个日字旁，右边一个青，合在一起就是"晴"。

生：我们原来学过的"清"，换成日字旁，就是"晴"。

师：我们还学过这样的字吗？

生：还学过请客的"请"，感情的"情"。

师：我们把这些字放在一起就更好记了！说请要用嘴，所以是（言字旁）；感情要用心，所以是（竖心旁）；河水清又清，所以是（三点水旁）；天气晴朗，所以是（日字旁）。

师：记住这个顺口溜，我们就记住了一串生字。再来把这个顺口溜读一遍。

师：我们通过编顺口溜的方法认识了"晴"字。说一说，本课生字表中的其他生字，你又是怎样记住的？

生：老师，我是用顺口溜的办法记住"抱"字的，有足就是跑，有手就是抱。

生："休"这个字就像是一个人靠在一棵树旁休息。

……

知道它的长处

叶圣陶先生说过："教是为了不教。"在教学中，教师要把握好"主导"的度，既不能完全由教师"导"，忽视了学生的主体性，也不能放任学生，不管不顾。上面这个案例中，教师首先引导学生学习了生字"晴"，总结了学习生

———————————

① 本案例由李英杰提供

字的方法。这是在为学生接下来的自主学习提供"示范"。在此基础上，教师大胆放手，鼓励学生自主运用不同的方法识记生字，做到学以致用，有效地培养了学生的识字能力。

同时，这样的教学形式符合小学生喜欢形象直观的特点，有利于激发学生的学习兴趣。

（三）增加复现频率

回顾与复现是学生掌握汉字必然经历的过程。但由于教科书的编排受到文章内容、识字内容安排等多方面因素的影响，使得单纯依靠教科书中生字的复现率是远远不够的。这就需要教师在教学中通过教学环节的设计、活动的安排巧妙地增加生字的复现率，帮助学生牢固掌握所学生字。

案例指引二十一：一石数鸟的大熊猫[①]

教学内容：二年级下册《大熊猫》教学片段（课标实验教材北师大版《小学语文》）

师：上节课我们学习了《大熊猫》一课，这些词语你们还会读吗？

PPT出示词语，学生读。

师：上节课我们还学了4个生字，老师来检查一下。

PPT出示：我国有许多珍奇动物，最可爱的要数大熊猫了。大熊猫的身子胖乎乎的，尾巴很短，头和身子是白的，（　）肢是黑的。头上长着一对毛茸茸的黑（　）朵和（　）个圆圆的黑眼圈。她小的时候喜欢爬上爬下，长大以后，常常用（　）子抱着头呼呼睡大觉。

出示学生作业中不规范的"耳"字图片，师指导"耳"字的书写。

知道它的长处

上面这个案例中，教师将帮助学生复习生字与回顾课文主要内容有机结合到了一起。通过出示一段叙述课文主要内容的句子，帮助学生在具体的语言环境中复习生字，在复习生字的过程中回顾课文主要内容，在生字书写与内容回顾中，重点指导学生的学习问题——"耳"的书写，提高了一个教学环节的实际效率。

---

①　本案例出自北京市第一届小学语文青年教师教学观摩活动，执教者为海淀区石油附小路红梅

(四)扩展识字途径

语文的外延等于生活。学生生活的范围有多大,语文学习的范围就有多大。汉字在学生的生活中"无处不在,无时不有"。大街上各色的广告、商店里丰富的商品、电视中标准的发音,屏幕上清晰的字幕……这一切无不对学生产生直观刺激,为学生营造了一个良好的识字环境。因此,教师不应把识字教学理解成是课堂教学内的事情,而是应将识字与生活联系起来,鼓励学生在家庭中、在各种各样日常的活动中识字。这不仅是识字本身的需要,也是当今社会多元化教育的需要。

为帮助学生利用生活中的事物识字,教师应有意识地加以引导,广泛利用书报、影视媒体、商标、招牌、广告等资源,拓宽学生的识字途径,并定期开展识字交流活动,让学生向别人展示自己的识字成果,分享收获的喜悦。还可鼓励学生把收集到的识字材料如商标、剪报等编成《识字小手册》,并在图书角展示、传阅,以增强学生的成就感和自信心,更主动地进行课外自主识字。

拓展识字途径,还应充分利用校园内的识字资源。一位教师利用刚入学的新生对学校的新鲜感,在学生入学之初就组织学生进行了认识同班同学姓名、认识课程表、认识新校园的一系列活动,不仅帮助学生很快熟悉了学校生活,而且在活动中认识了大量生字。

此外,还可鼓励学生进行课外阅读,朗诵古诗文,摘抄好词好句,坚持写话练习等活动,这不仅能激发学生的阅读兴趣,帮学生认识不少生字,提高学生的识字量,还能丰富学生的生活内涵,使他们学到更多的语言,形成更高的文化素养。同时,也会为今后的语文学习及思维能力的发展奠定一个良好的基础[①]。

当然,生活中也存在着一些使用文字方面的不良现象,如乱写错别字、滥用繁体字、乱造简化字、泛用异体字和谐音字等。这些用字不规范现象会对学生识字造成一定的影响,教师在引导学生拓展识字途径的过程中应注意这一问题,尽量减少课外识字的负面影响。

---

① 苏兰芳.培养小学低年级学生自主识字能力的尝试.西北成人教育学报,2005(4)

案例指引二十二：在生活中识字①

教学内容：教师自主开发课《生活识字》。

执教者：江苏省南京市北京东路小学李苏老师。

师：起立，小朋友们好。

生：老师好。

师：请坐，又到了咱们的识字活动课了，今天，李老师首先请大家来看一则谜语。（出示谜语"有厚又有薄，有长又有方，打开看一看，知识里面藏。"）仔细看一看，这则谜语里面，有没有你不认识的字？

生1：第一行第二个字我不认识。

师：你们谁认识？

生2：这个字是"厚"。

师：你怎么认识它的？

（生2愣了一下，像在回想）

师：不知道，就是认识了，是吗？那其他小朋友呢，你们是怎么认识它的？

生3：以前看书的时候，妈妈告诉我的。

生4：我有一个字不认识，第一行的最后一个字？（有学生在下面小声读出了这个字）

师：有人已经小声说了，×××，这是什么字？

生5：这个字是"薄"，厚薄的"薄"。

师：嗯，这个字与前一个字是一组反义词，这个字念"厚"，这个字念"薄"。你们还有不认识的字吗？

生6：第四行的最后一个字我不认识。

师：这个字有谁认识？

生7：这个字念"藏"。

师：哦，这个字这么复杂，你在哪儿见过？

生7：我上过识字课，上识字课的时候认识的。

生8：捉迷藏的"藏"也是这个字。

----

① http：//acadyw.cersp.com/article/122039.aspx，专题三　识字写字教学的继承与突破第二讲（下）　提高识字写字教学效率

师：对，是一个游戏，藏，这个字还念 zàng，你在哪里见过它念 zàng？

生9：它是西藏的"藏"，还有藏族，我们的地图上也有这个字。

师：对，它是一个多音字，在不同的地方就会有不同的读音。这则谜语里还有不认识的字吗？（生摇头，表示没有了）那自己先小声读读看。（生自由读）哎呀，已经知道谜底了。

生：是书。

师：有不同答案吗？都认为是书，没错，这则谜语的谜底就是书。（板书：书）小朋友们喜欢看书吗？（生齐答喜欢）今天大家都带来了自己最喜欢的一本书，你们带来了什么书呀？

生：我带来的是《环游地球 80 天》。

师：哦，环游地球只需要 80 天就够了吗？挺有意思的书名。你带来了什么书？

生：我带来的是《哪吒传奇》。

师：这是一本咱们小朋友都很喜爱的书。你带来了什么书呀？

生：我带了《蚯蚓的日记》。

师：哎呀，这个书名很有意思，拿上来我们看看。（出示书的封面）好，咱们一起来看一看，请你念一念。

生：《蚯蚓的日记》，请大家跟我读。

师：有两个字你们看一看，（指屏幕）这个字念？（生读：蚯）这个字呢？（生读：蚓）仔细观察一下这两个字，你有什么发现吗？

生：它们都是虫字旁。

师：哦，你发现了，再说一遍。

生：它们都是虫字旁。

师：把虫字旁去掉，这个字是？（生答"引"）这两个字都有虫字旁，你们还知道哪些字有虫字旁吗？

生："蚂蚁"、青蛙的"蛙"……

生："蜻蜓""蛇""骆驼"。（师板书）

师："骆驼"这两个字可不是虫字旁。你看，（师板书）这么多的字，为什么这些字都会带有虫字旁呢？

生：因为它们都跟昆虫有关。

师：哦，不是都跟昆虫有关，而是它们都表示和小虫子有关，所以以后看到虫字旁的字，你要想到可能这个字跟小虫子有关系。蚯蚓还会写日记呢，这本书的名字挺有意思，等会儿要有机会，我们要来仔细读读，看看这幅图，蚯蚓拿着一支大铅笔，可认真地在写呢，它坐在酒瓶盖上呢，多有意思的一本书啊！刚才×××特别准确地说出了带有虫字旁的字是跟小虫子有关，那我们给他一个小小的奖励，告诉我们你带来了什么书？

生：我带来的是《水浒传》。

师：拿上来我们看一看。（"四大名著之一"有生在下面小声说）

师：×××站起来再说一次。

生：那是我们中国的四大名著中的一本。

师：真了不起，这就是我们的四大古典名著之一，我们一起念一念，《水浒传》，还有三本古典名著你知道是什么吗？

生（七嘴八舌）：《西游记》《三国演义》《红楼梦》。

师：《红楼梦》《西游记》《三国演义》和《水浒传》并称为我国的四大古典名著，小朋友已经开始看名著了，真了不起，这样的书是值得我们一读再读的好书！

师：看一下这个字（请生念"浒"）我们一起念。（生齐读 hǔ）这个字特别容易念错，好多大人都不认识，为什么呢？你们看，这个字念什么？（生齐答：hǔ）去掉三点水？（生答 xǔ）什么许？

生："许多"的"许"，"许可"的"许"。

师：那去掉言字旁又是什么字？（生答 wǔ）

生："中午"的"午"，"上午"的"午"，"午餐"的"午"。

师：咱们中国的汉字多有趣啊！去掉一点点，多出一点点就变成另外一个字了，所以小朋友要特别留意，再读读这个字是什么，（生齐读 hǔ）这本书的名字是？（生齐读《水浒传》）这本书也是值得大家好好去读的。还有小朋友想介绍自己的书，那咱们老办法，四人一小组，请你在小组里介绍自己的书名，其他小朋友跟着一起读读书名。

（四人小组交流自己的书名）

师：大家刚才都很投入，通过刚才的交流，你觉得你们小组里谁的书名最有意思？（指名说）

生：我喜欢《中国儿童百科全书》。

师：哦，看来你会读他的书名了。请你带着大家把这个书名念一念。（出示）

生:《中国儿童百科全书》,请大家跟我读。(生齐读"中国儿童百科全书")

师:还有几个小字呢,(生读"中国孩子最爱看的科学探险")(师指字)探险你们喜不喜欢?看来今天我们可以去探险一番了。书里面的彩图很漂亮呀,它给我们介绍的是?(几个人小声说"病毒")这个字也有人认识。来,×××开始吧。(生介绍书中片段)

师:原来我们生病都跟这个病毒有关系,因为病毒先到细菌的身体里,再让细菌带它到人类身体里,然后它就慢慢出来,把我们人类的身体给破坏了。看来这本书让我们知道不少科学知识。如果你还想了解更多的科学知识,可以借这本书来好好读一读。(生回座位)

师:还有这么多小朋友迫不及待地想告诉我们谁的书很有趣。可是老师犯难了,请谁呀?(生说抽签吧)

师:哦,你们都想到了我们的老办法。没问题,李老师今天还特意准备了一个小盒子,里面有咱们班小朋友的名字,我来抽签,咱们来看看抽到的是谁。

(师抽签,出示学生姓名)(生一起喊了起来:贾折众)

师:看看他的名字,你们有没有发现"贾折众"这个名字很有意思,看这个"众",三个人。这个字是三个人组成的,咱们中国的汉字里还有什么字,跟这个字的结构很像呢?三个部分也相同?

生:"鑫"和"品"。

师:什么"鑫"?

生:"金星"的"金",三个在一起,这个字念"鑫"。

师:对,还有一个"品",三个口去品尝。(生答师板书汉字)……

师:我们来看看贾折众带来了什么书?

生:(喊了起来)《西游记》。

师:(指图)这是谁呀?

(生答:孙悟空、猪八戒)这本书我们小朋友不仅看过,还看过电视,你最喜欢的人物是谁呀?

生:二郎神。

师:哦,为什么?

生:因为二郎神的本领比孙悟空大,二郎神有七十三变,孙悟空是七十二变。

师：哦，原来这样啊！其他小朋友呢，你喜欢谁？（指名）

生：如来佛，因为他的本领更大。（生纷纷说起了自己的想法）

师：既然大家都这么喜欢《西游记》，那咱们下一次就一起来读这本书，然后我们来好好讨论一下，这本书里你最喜欢的人物好不好？（生齐答好）那下一次识字课上记得大家把自己有的《西游记》的书，或者是片段带来。

师：听完刚才的介绍，接下来又是紧张的时刻了。我们会抽到谁呢？

（生齐答：朱纯懿）好好看一看"朱纯懿"的"懿"这个字，笔画很多，我们一起念念他的名字。（生齐读朱纯懿）

生：我带来的书是《脑筋急转弯》，请大家跟我读。（生齐读"脑筋急转弯"）

师：这次咱们看看谁脑袋转得快。

生：（读）为什么世上只有女子好？

生1：是好。因为"好"字的左边就是"女"，所以说世上只有女子好。

师：你说得真清楚！再猜一个吧！

生：什么东西越旧越好？（指名答）

生2：古董。

师：对吗？（生恍然大悟）刚才×××第一个回答出来。我们给他一个奖励！请他上台介绍他的书。（生齐读《课外美文》）书里有很多优美的散文，看来今天我们要来听听你的朗诵了，对不对？

生：（朗诵）《春天》，风……向大家报告好消息，春天来了，春天来了，花朵站在枝头上，看不见春天就踮起脚尖，急着找春天在哪里，春天在哪里，花不知道自己就是春天。

师：（微笑）哦，原来花开了，花自己就是春天！你朗诵得真棒，希望小朋友用课余时间，都去读一读这本书里的美丽儿歌。我们一起来看这个字（师指：春）"春天"的"春"下面是个什么字？

生齐答：日。

师：为什么"春天"的"春"下面会是一个"日"？

生：因为"日"代表太阳，春天的太阳很好，所以下面是个"日"。

师：今天又要请各位来动动脑筋了，这个"日"字我们早就认识了，今天要比比看谁的脑袋最灵，如果你加一笔，减一笔，还能变成什么字？

生1：在这个"日"的上面加一撇，就变成"白"了。

生2：那个"日"字中的横去掉就是"口"了。

生3：还有"旦""由""申"。

生4：……

师：你们认识的汉字真多！不知不觉很快这堂课要结束了，还有很多有趣的书今天咱们没有时间介绍了，不过没关系，我相信这段时间的课余生活你们一定会更加丰富，所有的小朋友都可以去了解别的小朋友手中有什么有趣的书。最后李老师想送给大家一句话，（出示"书籍是人类进步的阶梯——高尔基"）会念吗？有的字不认识，哪个字？

生：第一行第二个？

生1：书籍。

师：这个字你怎么认识的？

生1：以前问过妈妈。

师：对，我们以后不认识的字可以问同学，可以问爸爸妈妈，这也是学习汉字的好方法。谁来读读这句话？

生2：书籍是人类进步的阶梯——高尔基。

师：阶梯这个词你也认识了，了不起！高尔基，这是苏联一位伟大的文学家，他告诉我们，多读书你一定会天天进步！我们一起来读读。（生齐读：书籍是人类进步的阶梯——高尔基）

知道它的长处

这节课与我们平常的语文课不太相同，是一节教师自主开发的在生活中识字的课。

教师选择了恰当的媒介引导学生认识生字。我们说"生活处处是语文"，面对这么多的语言材料，该选取什么样的材料让学生学习呢？李苏老师在这个案例中的做法可以给我们带来一些启发。孩子的课外书、同学的姓名都是学生生活中最熟悉的语言材料，同时其中也蕴藏着非常大的汉字量，是学生在生活中识字的重要途径。教师选取这两个媒介，让学生在认读谜语、认读书名、认读姓名的过程当中，接触汉字、认识汉字、感受汉字的独特魅力，既引导学生认识了生字，同时向学生渗透了生活中处处可以识字的理念。另外，对于学生课下认识的生字，教师总是在问"你是在哪里认识的"。看似无意的语言其实也是在精心引导学生在生活中识字，让学生感受生活中处处是语文。

教师创设了一个轻松愉快的识字氛围。创设轻松愉快的识字氛围，创设游戏的情境只是途径之一，但并不是唯一途径。在这个案例中，教师选择的课外书是每个学生都有的、贴近学生生活的，所以课堂一开始就能极大地调动学生的兴趣。另外，教师在教学过程中还选择了许多看似信手拈来，实则匠心独运的教学手段，如在谜语中识字、在书籍中识字、在抽签的时候识字、在名言中识字等，帮助学生保持识字的兴趣。

巧妙地将识字与读书结合起来，在识字中培养了学生阅读的兴趣。这节课的教学重点虽然是识字，但是教师选择课外书作为识字的媒介，引导学生阅读别人介绍的书籍，激发了学生读书的兴趣，同时也促使学生在课外阅读的过程中接触和认识更多的汉字。

总之，这堂课的教学过程是开放的，教学内容是随机生成的。这样的识字课，学生在课堂上也许不一定能认识定量的汉字，但是学生的识字兴趣被充分调动起来了，他们的潜能得到了开发，通过这堂课的学习，他们感受到识字的乐趣，知道了怎么去识字，这远比认识几个单纯的汉字要有价值得多。

第二章

小学阅读教学的有效实施及策略

- 把握教学目标
- 激发阅读兴趣
- 构建生成性课堂
- 注重情感体验
- 有针对性的评价

　　阅读教学是语文教学的一个重要组成部分。《义务教育语文课程标准(2011版)》(以下简称《语文课程标准》)明确指出"阅读教学是学生、教师、教科书编者、文本之间对话的过程"[①]，在这个对话过程中，教师既是与学生平等的对话者之一，又是课堂阅读活动的组织者、促进者。简而言之，阅读教学是教师、学生和阅读文本之间的一种有目的的、有计划的和有组织的教学活动。通过阅读教学，教师要帮助学生掌握读懂他人文章的方法，学会阅读，提高阅读能力，形成语感。在阅读教学中，教师要引导学生学习语言的形式，感知文本的内容。

　　但是在语文教学实践中，我们常常看到这样的景象：在教师"走"教案似的教学中，"固定"的教案支配和限制了"活"的学生，遏制了他们在课堂上思想和生命的活力，使原本鲜活灵动、充满情趣的语文课堂变得机械、刻板和程

---

　　① 中华人民共和国教育部制定. 义务教育语文课程标准(2011版). 北京：北京师范大学出版社，2012：22

式化。这种"刚性"的教学设计影响了学生在整个学习过程中的"弹性"生成。

鉴于此，本章将结合具体的阅读教学案例，主要围绕教学目标的设定、课堂教学的有效实施、有针对性的评价三个方面，来讨论小学语文阅读教学的有效实施。

一、有效教学目标的制订

(一)正确把握阅读教学目标

阅读教学的有效实施离不开对阅读教学目标的正确把握。作为一名语文教师首先要对《语文课程标准》有较为深入的理解，既要全面把握总目标，又要细化阶段目标。

1. 对总目标的把握

《语文课程标准》对"阅读教学"的总目标有明确规定："具有独立阅读的能力，学会运用多种阅读方法。有较为丰富的积累和良好的语感，注重情感体验，发展感受和理解的能力。能阅读日常的书报杂志，能初步鉴赏文学作品，丰富自己的精神世界。能借助工具书阅读浅易文言文。背诵优秀古诗文 240 篇(段)。九年课外阅读总量应在 400 万字以上。"[①]

在解读"阅读教学"总目标时，不能仅仅单纯地知道总目标是什么，还应该把总目标置于整个阅读教学中，从"知识与能力、过程与方法、情感态度和价值观"三个维度来理解。我们知道，学生所掌握的语文知识是培养语文能力的基础。小学语文教学，要通过字、词、句、段、篇的教学和朗读、默读、复述、背诵的训练，使学生掌握常用的词语；理解句子的意思；能给课文分段，归纳段落大意，概括课文的主要内容和中心思想；学习作者观察事物，思考问题和表达思想的方法；能正确流利、有感情地朗读课文，比较熟练地默读课文，能背诵和复述指定的课文；能读懂适合少年儿童阅读的书报。这些目标要求随年级的升高而提高。而"过程与方法"本身就存在于语文学习当中，它是一个长期渐进的过程。"学理如筑塔，学文如聚沙。"语文学习靠的是日积月累，是一个渐进渐变的过程。无论是知识的积累，能力的提高，还是习惯的养成，都不可能一蹴而就。阅读教学的目的还要使学生形成充实而高尚的精神世界，在阅读教学过程中应该渗透情感态度和价值观的引领。注重

---

① 中华人民共和国教育部制定. 义务教育语文课程标准(2011 版). 北京：北京师范大学出版社，2012：7

阅读对学生精神领域的影响，尤其是文本作者的思想观点和价值观对学生潜移默化的引导作用。教师要指导学生通过语言文字的感悟，正确理解课文的内容，体会文章蕴含的思想感情，学会审美，使学生的情感态度、价值观等得到滋养。因此，在制订教学目标时要整合"三维目标"，三者相互渗透，融为一体，目标的制订着眼于学生语文素养的整体提高。

2. 对学段目标的把握

《语文课程标准》对总目标和学段目标有明确规定，这种规定有助于我们明确在教学过程中自己要做什么、怎么做、做到什么程度。但是在实际教学设计过程中，还需要教师对特定学段的目标进行更为深入的解读。有多种方法可以帮助我们更好地理解学段目标，如横向纵向比较、内容维度和认知维度相结合等。下面我们就以第二学段(3～4年级)的阅读教学目标为例，从内容维度和认知维度来做一探索。

(1)从内容维度把握目标

根据《全日制义务教育语文课程标准(2011版)》(3～4年级)对第二学段学生的要求，内容维度可以分为：识字与写字、阅读、习作、口语交际、综合性学习五个部分。阅读部分的主要内容如表2.1所示。

表2.1　《语文课程标准》(3～4年级)"阅读"内容维度①

	具体内容
阅读	用普通话正确、流利、有感情地朗读课文
	初步学会默读，做到不出声，不指读 学习略读，粗知文章大意
	能联系上下文，理解词句的意思，体会课文中关键词句在表情达意方面的作用 能借助字典、词典和生活积累，理解生词的意义
	能初步把握文章的主要内容，体会文章表达的思想感情 能对课文中不理解的地方提出疑问
	能复述叙事性作品的大意，初步感受作品中生动的形象和优美的语言，关心作品中人物的命运和喜怒哀乐，与他人交流自己的阅读感受
	诵读优秀诗文，注意在诵读过程中体验情感，展开想象，领悟诗文大意
	在理解语句的过程中，体会句号与逗号的不同用法，了解冒号、引号的一般用法
	积累课文中的优美词语、精彩句段，以及在课外阅读和生活中获得语言材料 背诵优秀诗文50篇(段)
	养成读书看报的习惯，收藏图书资料，乐于与同学交流。课外阅读总量不少于40万字

---

① 本表依据《义务教育语文课程标准(2011版)》中的相关内容整理而成

(2)从认知维度把握

第一，认知维度的 6 个类目。

目前，国际上对认知维度的划分都是根据布卢姆教育目标分类学得出的。修订后的布卢姆教育目标分类学详细描述了全部的认知过程，从低级到高级共分为 6 个类目：记忆、理解、运用、分析、评价、创造。每一个类目又分为多个小细目，共 19 种认知过程。在这里笔者将结合新修订的布卢姆教育目标分类学和我国《语文课程标准》中对学生认知水平的相关要求来进行说明①。记忆是指学生能回想起恰当、正确的信息(包括具体事物、原理、方法、过程等)；理解是指学生能用自己的语言解释某件事情，能概括文章的主要内容，体会文章表达的思想感情，能从提供的信息中得出逻辑结论，能比较事情的异同，能对事件的原因作出说明等；运用是指学生能在给定的情境中使用词语、标点、材料或者某种方法完成任务的能力；分析是指学生能把材料分解，并确定部分之间是怎样相互联系及其与总体结构是如何联系的，能够推断材料的观点和意图；评价是指学生能依据标准做出判断，形成自己的观点和看法；创造是指学生能将构成要素结合在一起，以形成一个新的整体的能力，包括独特地表达作品(如作文或演说)、实施计划和研究方案等。

第二，融合认知维度和内容维度进行分析。

明确了《语文课程标准》的内容维度和认知维度后，就可对内容维度所体现的认知水平进行详细分析。《语文课程标准》要求中年级的学生"背诵优秀诗文 50 篇(段)"属于记忆的维度，主要考查学生能否回忆起优秀诗歌的内容；"能联系上下文，理解词句的意思，体会课文中关键词句在表情达意方面的作用。能借助字典、词典和生活积累，理解生词的意义。""能初步把握文章的主要内容，体会文章表达的思想感情。能对课文中不理解的地方提出疑问。""诵读优秀诗文，注意在诵读过程中体验情感，展开想象，领悟诗文大意。"这几条的要求属于理解的维度，注重培养学生能用自己的语言解释某件事情，能概括文章的主要内容，体会文章表达的思想感情等方面的能力。"能复述叙事性作品的大意，初步感受作品中生动的形象和优美的语言，关心作品中人物

① ［美]L.W.安德森.学习、教学和评估的分类学——布卢姆教育目标分类学(修订版).皮连生主译.上海：华东师范大学出版社，2008：1

的命运和喜怒哀乐，与他人交流自己的阅读感受。"属于运用、评价的水平，要注重培养学生能依据一定标准做出判断，形成自己的观点和看法的能力。在分析《语文课程标准》对阅读的要求时，还要注意一点，即内容维度和认知维度并不是一一对应的，要灵活对待。

通过分析可知，在第二学段《语文课程标准》特别强调学生对词句的理解、对文章主要内容的把握、对文章所表达感情的体会、对诗文大意的领悟以及学生自己独特的阅读感受等。学生学习这些内容所应达到的水平则是"理解"。这就提醒我们，教师在第二学段阅读教学中，要特别重视对学生阅读理解能力的培养。在阅读教学的过程中，要有针对性地引导学生体会标点的用法，教给学生阅读的方法和培养良好的阅读习惯等。要根据中年级学生的认知特点，培养朗读能力、理解词句的能力、概括文章主要内容的能力等。

小学语文教学目标从纵向来看可以分为六级，即总目标、年级目标、每册教材目标、单元目标、每篇课文目标、课时目标。而课时目标是教学的立足点，因此，必须把各级目标有机地渗透到每一课时中去。另外，更重要的是，在设计课时目标时要充分考虑课与课之间的合力作用，特别是对各单元的重点目标要有层次地用不同方式来强化和巩固。首先，教师要研究每册教材内容在整个学段中的地位和作用，掌握教材的前后联系，了解教材的编排意图，正确把握每篇课文和单元综合练习的具体要求，并了解它在全册教材中的地位和作用。每篇课文的教学目标要明确、具体、集中、可操作、易检测。

在这里需要指出的是，在解读《语文课程标准》时，不要仅仅局限于对一个学段目标的解读。在小学阶段，一定要把三个学段的目标综合起来有比较地进行把握，形成整体上的认识。下面以"词语和句子"的学段目标为例进行简要说明。

第一学段：能结合上下文和生活实际了解课文中词句的意思，在阅读中积累词语。

第二学段：能联系上下文，理解词句的意思，体会课文中关键词句在表情达意方面的作用。能借助字典、词典和生活积累，理解生词的意义。

第三学段：能联系上下文和自己的积累，推想课文中有关词句的意思，辨别词语的情感色彩，体会其表达效果。

从整体上看，三个学段都强调词句的理解要联系上下文，理解的时候要结合生活实际和学生自身的经验，可见词句的教学并不是孤立的，而是在具体的语言环境中进行的。从层次上看，三个学段的目标由浅到深、循序渐进，符合学生认知水平的发展，从"了解文中词句的意思"，到"理解课文中关键词句在表情达意方面的作用"，再到"推想课文中有关词句的意思，辨别词语的情感色彩，体会其表达效果"，对学生词句理解能力的要求越来越高。由此可见，在分析学段目标时一定要通过多角度、全方位来进行，一定要关注每个学段对学生的不同要求。

(二)阅读教学目标的表述

一堂优秀的阅读课，离不开教师对阅读教学目标的正确把握。教师在备课时，就应该明确、具体地陈述出来，避免含混不清、泛泛而谈和不切实际。如果教学目标制订得不便理解、不便把握，会给课堂教学带来随意性，影响教学质量。作为教师，要认真研究如何确立并正确表述教学目标。

案例指引一：鸬鹚[①]

教学内容：五年级上册《鸬鹚》(课标实验教材冀教版)

教学目标：

1. 品读、欣赏、朗读、背诵重点句段，抓住环境、动作、神态描写，感受水乡悠然自得的静态美和捕鱼时欢快热闹的跃动美，体会鱼米之乡的生活情趣。

2. 通过情境创设，指导学生把捕鱼前的平静悠闲和捕鱼时的欢快忙碌用正确的语气朗读出来，能背诵并默写第一自然段。

3. 把研读文本和课堂练笔结合起来，培养学生的读写能力、语言的感悟能力及想象力，为文补白。

4. 继续培养学生的质疑能力和释疑能力，养成良好的语文学习习惯。

需要讨论的问题

在该教学设计中，目标表述不够准确。

第一，行为主体表述混乱。在教学目标中"品读、欣赏、朗读、背诵重点句段，抓住环境、动作、神态描写，感受水乡悠然自得的静态美和捕鱼时欢快热闹的跃动美，体会鱼米之乡的生活情趣""能背诵并默写第一自然段""养

---

① 本案例选自北京通州区小学第五届"秋实杯"课堂教学竞赛

成良好的语文学习习惯"的主语是"学生"。"通过情境创设，指导学生把捕鱼前的平静悠闲和捕鱼时的欢快忙碌用正确的语气朗读出来""把研读文本和课堂练笔结合起来，培养学生的读写能力、语言的感悟能力及想象力，为文补白""继续培养学生的质疑能力和释疑能力"的主语却是"教师"。可见该教学目标中的主语混乱，时而是学生时而是教师。教学目标是学生在经过学习后所能达成的目标，教学目标的主语应该是学生。

第二，目标不易测量与评价。"把研读文本和课堂练笔结合起来，培养学生的读写能力、语言的感悟能力及想象力，为文补白""继续培养学生的质疑能力和释疑能力，养成良好的语文学习习惯"，这些表述不仅行为主体不准确，而且不容易被评价和测量。学生能力的培养应该贯穿于各个学段和每篇课文的学习之中，能力的形成是一个循序渐进的过程。像"语言的感悟能力""想象力""质疑能力""释疑能力"等，学完一篇课文后不可能一下就提高了，需要一个不断训练的过程。这些能力的评价和测量很难用简单的纸笔测试实现，这也就增加了评价和测量的难度。"养成良好的语文学习习惯"的表述也很模糊。

在表述教学目标时，应该注意以下几个方面。

首先，必要时，要写出达成目标的行为条件（当然，不是每个教学目标都要有它），如"学生（行为主体）在阅读理解的基础上（行为条件），复述（行为动词）课文内容（行为对象），复述要具体涉及事情的时间、经过、结果（行为程度标准）"。这样的教学目标具体、明确，对教学和评价会有指导作用。但是如果每条教学目标都这样陈述，也会让人觉得烦琐，为了陈述简便，在不引起误解或歧义的情况下，可以"省略行为主体或（和）行为条件"，如，"简要（行为程度标准）说明（行为动词）三则寓言的大概内容（行为对象）"。

其次，一定要有具体的表现程度——一堂课后学生应达到的最低表现水平或学习水平。可以从行为动词上体现程度，该"学会"的就不能写成"运用"。也可以把表现程度描述出来，如"至少会用……造三个句子"，"80％的学生能当堂背诵全文"等。

案例指引二：《一个小村庄的故事》[①]

教学内容：三年级下册《一个小村庄的故事》（第二课时）

---

① http://bbs.pep.com.cn/forum-89-1.html

教学目标：

1. 知识与能力：有感情地朗读课文，通过朗读交流、体会含义深刻的句子，悟出课文中蕴含的道理。学习并运用了因为……所以……，假如……就……这两组关联词语，并且进行写话的练习。

2. 过程与方法：通过结合生活实际，联系上下文的方法理解词语，通过比较句子进而理解文章中重点句的含义。

3. 情感态度和价值观：教育学生从小热爱大自然，保护大自然。告诉学生要保护环境，否则将受到大自然的惩罚，培养学生爱护家园、保护家园，为后人造福的忧患意识。

需要讨论的问题

把教学目标这样按照"知识与能力""过程与方法""情感态度与价值观"分开来设定，是否合适？

我们知道，教育目标是有层次的，具体层次如下：

一级（国家/政府制定）　　教育方针或培养目标

二级（专家制定）　　　　九年义务教育的课程目标

　　　　　　　　　　　九年义务教育的语文课程目标

　　　　　　　　　　　学段语文课程目标（阅读领域）

三级（教师制定）　　　　学年（学期）教学目标

　　　　　　　　　　　或单元（主题）教学目标

　　　　　　　　　　　或课时教学目标

教师所制订的是实践层次的教学目标。实践层次的教学目标表述要综合。《语文课程标准》明确规定"课程目标从知识与能力、过程与方法、情感态度与价值观三个方面设计。三者相互渗透，融为一体"。在教学实践中，教学目标应该是三位一体的。例如，"能有感情地朗读课文"这条目标，既是知识与能力目标，又是情感态度与价值观目标，还包含过程与方法。试想，学生要真正达到这一目标，能没有自己的情感态度吗？再者，朗读本身就有方法，要做到有感情地朗读，还必须有个体体验的过程。同时在达到这条目标时，还应该有学生对自己学习的调控，也就是学习策略，这也是方法与过程，而情感态度又贯穿始终，也离不开知识与能力。

（三）基于学生能力发展的目标制订

在整个教学过程中，教学目标的制定是非常关键的一环。因为教学目标决定着教学策略的选择与教学行为的实施，它既有定向功能又有调控功能。倘若确立教学目标这个环节出了问题，必将导致教学活动产生偏差或失误。

在语文教育发展史上，古人重视"文以载道"，道为主，文为辅。近代以来，争论的焦点主要集中在文与道的兼容、排斥、孰轻孰重等方面，进而引起了语文教育思想、课程设置、教学手段和方法等诸多调整与变化。这一切均对当时教学目标的确立有一定影响。

2011年版《语文课程标准》将在发展语言能力的同时，把发展学生思维能力作为语文教学的总目标之一，反映了现代教育注重开发人的智力，发挥人的主观能动性，培养分析问题、解决问题的能力。《语文课程标准》"实施建议"部分也指出：要重视情感、态度、价值观的正确导向，重视培养学生的创新精神和实践能力。尤其要注重激发学生的好奇心、求知欲，发展学生的思维，培养想象力，开发创造潜能，提高学生发现、分析和解决问题的能力，提高语文综合应用能力。

因此，在制订语文教学目标时，就要考虑特定学段学生的语文能力发展特点与能力发展水平，目标的设计要着眼于学生语文素养的整体提高。首先要确定你要追求什么样的学习结果，希望帮助学生获得怎样的知识、能力和态度。然后，根据影响学生学习的相关因素，如学生的特征、语文学科知识的特征等选择适当的教学途径和方法。判断自己确定的教学目标是否适宜，可从如下几方面进行考虑：目标是否和学生学习的教学内容有关？学生能不能达到这个目标？是否和学生的能力水平一致？是否考虑到了学生的个体差异？是否提高了所有学习领域(认知的、情感的、动作技能的)中的学习结果？在每个领域里，目标是否在某个范围内提高了学生的理解水平或者行为表现水平？总之，教学目标的确立要以语文学科的特性为依据，以培养学生的语言文字运用能力为旨归，提升学生的语文素养。

二、学生阅读能力的有效培养

(一)创设情境，激发兴趣

学生是学习的主体，只有调动他们的积极性，使之积极参与到课堂教学中来，这样的课堂才算是成功的。但对于小学生来说，在一节课上要自始至终地保持高度注意和积极思维是很困难的，所以，教师要善于创设情境，激发学生兴趣，吸引他们主动参与到课堂教学中来。

我们知道，理解一个文本的前提条件是读者对其产生兴趣，如果文本对读者没有丝毫的吸引力，那么，阅读行为就根本不可能发生，所谓理解也就无从谈起。好的开始，往往是成功的一半。教师如果在刚上课的时候，能吸引学生的注意、调动学生学习的兴趣，那么这节课就成功了一半。

案例指引三：再见了，亲人①

教学内容：五年级下册《再见了，亲人》（课标实验教材人教版）

师：导入新课（课件出示课文插图。）

同学们，1950年10月，我中国人民志愿军雄赳赳、气昂昂跨过鸭绿江，在血与火的战场上，与朝鲜人民并肩作战抗击美帝国主义的侵略。当我们打败了侵略者，当我们完成了历史使命，离别的日子终于不顾人们深重的感情而来临。课文的这两幅插图描绘的是1958年10月25日，最后一批志愿军离开朝鲜回国，在车站上同朝鲜人民告别的感人场面。岁月如梭，一晃近50年过去了，作家魏巍将当年志愿军与朝鲜人民依依惜别的感人情景留在了人们永恒的记忆里。现在就让我们以志愿军的身份走进惜别的茫茫人海中，和朝鲜人民深情告别。

师：引读课题——"再见了，亲人"

师：分手之际，他们握着手平静地说——

生：再见了，亲人。

师：就要上火车了，他们握着手动情地说——

生：再见了，亲人。

师：志愿军登上了回国的列车，他们拉着手急切地说——

生：再见了，亲人！

师：列车就要开动了，他们挥着手深情地说——

生（全体）：再见了，亲人！

师：伴着汽笛含着热泪，他们激动地呼唤——

生（全体）：再见了，亲人！

师：板书课题：再见了，亲人！

师：我们通常把什么样的人称为"亲人"？

———

① 本案例由北京延庆县教育科学研究中心赵方红提供

生：像爸爸、妈妈、爷爷、奶奶、姥姥、姥爷……我们称他们为亲人。

师："亲人"原指直系家属，也就是说有血缘关系的人。

师：好！还有别的理解吗？

生：有些人与我们没有血缘关系，比如说抗洪抢险、抗震救灾的解放军战士，我们也称他们为亲人。

生：把在关键时刻帮助我们的人称为亲人。

生：我们还可以把感情深厚、关系密切的人称为亲人。

师：几位同学的回答都很好！是的，亲人不仅仅指有血缘关系，给予我们爱心、关系密切、感情深厚的人，在困难面前无私奉献、挺身而出、雪中送炭的人都可以称为亲人。

师：课文中谁把谁称作亲人？

生：课文中志愿军把大娘、小金花、大嫂称为亲人。

生：课文中志愿军称朝鲜人民为亲人。

生：朝鲜人民也称志愿军为亲人。

师：不同国家不同民族，志愿军为什么把大娘、小金花、大嫂当作亲人呢？为什么志愿军和朝鲜人民要互称亲人呢？下面我们深入学习课文。

知道它的长处

《再见了，亲人》是人教版第十册中的一篇课文，在上课伊始教师结合课文插图，利用声情并茂的描述和富有激情的引读，给学生创设了一个感人至深的情境。在这样的情境中教师进一步引导学生移步换景，来感受和志愿军深情告别的场面。在一次又一次面临离别的对话中，孩子对文题的意蕴有了初步理解。然后在教师循序渐进的引导下，学生对"亲人"含义的理解，由具有血缘关系的"亲人"扩展到非血缘关系、非同一国度的朝鲜"亲人"，延伸了"亲人"的广义内涵，为下文的学习、理解、感悟奠定了基础。通过这样感人至深的情境，学生不仅感知了"亲人"的含义，更对文章的主旨有了初步了解。这个时候再来学习课文，学生的注意力有了，兴趣高了，学习的效果也就有保证了。

案例指引四：刻舟求剑①

教学内容：四年级下册《刻舟求剑》（北京出版社课标实验教材）

---

①　本案例由北京顺义区石园小学林秀梅提供

......

师：谁能用自己的话来说说，他当时刻记号的情形。

生1：当剑掉到水里时，他在船上刻了一个记号。

师：还有吗？

生2：船上的人都在为他着急，可他却不以为然，在船上刻了一个记号。

师：当时他在想什么？

生1：他当时想，我在船上刻了记号，剑会跟着船走的。

生2：他想等船到岸，再沿着船上的记号去找剑，也来得及。

师：是呀，他满心以为，在船上刻了记号，就能找到剑。你们注意没有？他还这样说——

生1："是吾剑之所从坠。"

师：(出示投影，顺势指导朗读)我们想一想，他是怎样说这句话的？

生1：他扬扬得意地说"是吾剑之所从坠"。

生2：他自信地说"是吾剑之所从坠"。

生3：他沾沾自喜地说"是吾剑之所从坠"。

师：此时，我们眼前是他迅捷的动作——"遽契其舟"，是他自信的话语——"是吾剑之所从坠！"我们也仿佛看到他自以为是的表情。下面谁来读读这句，带着大家重温"剑掉——刻舟——自信"的场景。

指名读。

师：看！课文仅仅用四个字"遽契其舟"，就生动地概括了当时一系列的情景，给我们提供了这么广阔的想象空间。这也正是文言文的巨大魅力所在。

知道它的长处

情境的创设不仅仅是在上课伊始，在教学的过程如果能根据教学的实际需要来创设情境，会起到事半功倍的效果。在学习《刻舟求剑》的时候，教师为了让学生弄明白寓言中的道理，为学生创设了一个具体的情境，让学生想象一下在他"遽契其舟"时是怎样想、怎么做、怎么说的。通过读课文，学生知道这个人的糊涂之处是他不知道船在行走，而剑没有随着船走。接着，教师逐层深入引导学生用自己的话来说他当时刻记号的情形。当别人都万分焦急的时候，他却认为"只要在船上刻了记号，剑会跟着船走"，还十分自信、得意扬扬、沾沾自喜地说"是吾剑之所从坠"。当知道他是怎样说这句话时，就已经深入了人物的内心，更为后面理解其"惑"奠定了基础。教师在具体的情境中，帮助学生再现了涉江者"遽契其舟"时的神态、动作、语言及心理活动，学生在学习理解上就会相对容易一些。

需要注意的是，创设教学情境的方法很多，在运用的时候一定要根据教学的实际情况进行设计，在追求活跃气氛的同时，更要考虑到对实际教学所产出的效果。引发学生对文本兴趣的基本方法就是创设一种与文本相关的情境。一种精当的情境设置能够吸引学生的注意力，使他们在大脑皮层和有关神经中枢形成对所解读文本的"兴奋中心"，从而由散漫状态进入相对紧张状态，迅速进入解读的准备阶段。

创设教学情境的方法很多，具体说来主要有以下几种：语言描述法、实物展示法、表演法、实验演示法、音乐渲染法、多媒体共创法。[1]

第一，利用语言描述法。这就是我们通常所说的导语。导语的设计必须指向学生的心灵，能够拨动学生的心弦，唤起学生对生活的体验，唤起学生的"现场感"，只有当学生真正感受到一种言语的召唤，从而激起其内在的活力时，才能对文本产生先睹为快之感，并由此展开一次愉快的精神之旅。

第二，利用实物展示法。就是通过展示与课文有关的实物，将学生迅速引入特定的教学情境当中。实物的展示，使学生看得见、摸得着，一下子拉近了同文本的距离，调动了学生的求知欲，使学生急于到课文中一探究竟。当然，这种方法同语言描述法一起使用会有更好的效果。

第三，利用表演法。就是教师通过模仿课文中的典型人物的言行来创设情境，给学生以强烈的刺激，以激发其阅读欲望。

第四，利用实验演示法。就是用做实验的方法导入课文。演示式的导入，可让学生通过视觉感官对与课文有关的事物产生感性认识，再让学生从感性认识的初级阶段上升到理性认识阶段，学生感悟到课文中的奥妙无穷，从而引发出渴望知道课文底蕴的强烈情感，有助于学生对课文内容的理解。

第五，利用音乐渲染法。音乐对人的心境具有强烈的感召力，是艺术领域中最能拨动心弦的一种艺术，它诉诸人的听觉，启发人的联想和想象，激发人的情感，引起内心的共鸣，使人获得美的享受。

第六，利用多媒体共创法。多媒体手段可以同时作用于学生的多种感官，显示出在创设情境方面的巨大优势，它声画结合，逼真地再现或模拟情境，

---

① 陆新泉．语文阅读教学策略研究卷．北京：新世界出版社，2007：9

使学生产生身临其境之感。

(二)构建生成性课堂

生成性课堂，是指课堂教学过程中，要改变传统的授受格局，注重师生及生生之间的互动和交流，为课堂教学的生成打下坚实的基础。在教学中，我们首先要将关注的目光转移到眼前真实的学生和多变的课堂情境中，并将这种关注不只外显为视线和目光，更应内化为一种意识和心向。教师要拓展课程资源的信息空间，对课堂上生成的信息做出价值判断，并敏锐地捕捉有价值的信息。

对教师来说，要培育一定的课堂教学机智。这是及时把握课堂生成资源的能力基础。教学是预设和生成的矛盾统一。课堂课程资源的生成与利用，一定要处理好预设和生成的关系。备课时，我们应以生成的眼光来预设，在预设中接纳生成。但是，无论如何，教师对教学过程中临时生成的资源不可能在备课时都预想到。要面对预设之外遇到的问题，迅速作出判断并找到解决问题的方法，主要靠教师自己的教育智慧。实践证明，课堂教学中那些精彩的片段往往都是无法预设的，而那些无法预设的精彩都是执教教师课堂教学机智的结晶，是教育智慧的体现。为此，教师要有意识地培育自己的教育智慧和课堂教学机智。只是，课堂教学机智的形成并非一日之功。作为一名语文教师，应该用功在平日，用心于平时，努力提高自身的语文素养和综合素质。这是教师培育课堂教学机智的前提和基础。

在教学过程中紧扣语文课程的特点和目标，这是有效利用语文课堂生成必须坚持的操作原则。我们无法预设课堂教学中的所有细节，尤其是学生在课堂情境中可能展现的个性化特点。如何判断课堂情境中呈现的信息的价值，及时抓住有用的信息并加以有效利用？紧扣语文课程的特点和目标，是每一个语文教师必须坚持的。换句话说，只有有助于语文课程目标实现的信息才是有价值的信息，也只有根据语文课程的特点，围绕语文课程的目标加以利用，这种利用才能显现出它的意义和价值。

案例指引五：被赶出家门的小麻雀[①]

教学内容：二年级下册《被赶出家门的小麻雀》(北京出版社课标实验教材)

---

① 本案例由北京顺义区牛山三小姚俊霞提供

……

师：不"娇生惯养"，就应该让它去"独立生活"（板书"独立生活"）。

生：（突然站起来）老师，我觉得爸爸有点不近人情。这只小麻雀也许真是家里体质最弱的小麻雀！它的确需要爸爸妈妈的照顾，麻雀爸爸坚决地赶，连妈妈的话也不听。是不是爸爸不爱小麻雀？

师：麻雀妈妈和麻雀爸爸对待小麻雀的态度不一样，是不是爸爸真的不爱小麻雀？

生10：不是，我认为妈妈爱小麻雀，就像我的妈妈一样。爸爸也爱小麻雀。

（大家纷纷点头）

师引导：既然都是爱，有什么不同呢？大家讨论一下。

（大家热烈讨论开来）

生11：麻雀妈妈疼爱小麻雀，因为小麻雀都哭了，哪个妈妈不心疼孩子呀。

生12：麻雀爸爸赶它走也是爱，因为那是为它好。

生13：对，我同意他的意见。课文里说了"你们的翅膀长硬了，自己去独立生活吧"。这就是说这些麻雀都可以去独立生活了，它不走就是要赖、撒娇。爸爸真要留下它，它指不定会变成多么娇滴滴的呢！

生14：我也认为他们都是爱孩子的。妈妈只想到了眼前的小麻雀哭得很可怜，没想过留下来的后果很严重。麻雀爸爸虽然现在很坚决地赶走它，感觉像是不要它了，其实那是为它一辈子的幸福着想。现在不狠点，将来它肯定全靠爸爸妈妈，而爸爸妈妈不能跟它过一辈子。所以我认为爸爸这样的爱更伟大！

（老师带头鼓起掌来）

师：爸爸深沉的爱，化作文中的语言，再读一读，你们一定会有更深的体会。

生齐读麻雀爸爸说的话。（读得特别有感情）

知道它的长处

课堂上，学生经过读书体会和感悟之后提出的问题是最有价值的，也是课堂教学的生成点所在。在这个案例中，学生勇敢地质疑"是不是爸爸不爱小麻雀？"正是课堂的生成点。这个问题一出，教室里立刻议论纷纷，很多学生都想发表自己的意见和看法。在案例中，教师没有急着给孩子一个确切的答案，而是把这个"球"踢给了学生。在学生激烈的讨论和精彩的发言后，问题的答案就浮出了水面。学生不仅理解了麻雀爸爸和麻雀妈妈爱的不同，而且更明确了麻雀爸爸这样做的原因，为后面的学习奠定了基础。面对这样的课堂生成点，教师从容的应对无疑显得尤其重要。如果没有这位教师"既然都是爱，有什么不同呢？大家讨论一下"这样的引导，学生的理解很可能会比较片面。

在课堂上，教师敏锐地捕捉及时生成的教学机遇，抓住了可以有所生成的教育资源，通过组织讨论，点燃了学生智慧的火花。可见教师只要紧紧围绕学生的所思所想，多给学生搭建展示才能的舞台，他们的潜能就会得到最大程度的发挥。教育的技巧并不在于能预见到课堂的所有细节，而在于根据当时的具体情况，巧妙地、在学生不知不觉中做出相应的变动。教学机智是构建在对教育理论深刻领会之上的一种转化师生矛盾的艺术，是一种正确处理教与学矛盾的技能和技巧，是教师在课堂教学过程中机智而灵活地教育学生、化解矛盾、沟通思想，随机应变地解决课堂进程中出现的各种问题，以保证课堂教学顺利进行的一种能力。所以，捕捉，能发现生成。

课堂上的亮点，一般都源于学生精彩的发言，源于教师对学生发言的倾听与反馈。倾听能及时发现课堂生成，能使学生感受到关注。教师敢于突破预设的教案，抓住生成的教学资源引导学生开展探究，这就能保证在生成的过程中，教师和学生的积极性都被调动起来，他们可能产生灵感，发挥出创造性。在这个交流过程中，学生在与教师、文本的思维碰撞中领悟知识，在不断地体验中学会方法并内化迁移。这种互动交流能真正发挥学生的主观能动性，使课堂生机勃勃的原因。教师在教学过程中，应该关注学生，随着学生的状态而调整、改进教案，这样的课堂才会有生命的活力。

案例指引六：五彩池①

教学内容：四年级下册《五彩池》（课标实验教材人教版）

在《五彩池》（人教版第 8 册）教学中，一个学生提出这样的问题："五彩池能游泳吗？"教师对学生的质疑进行了鼓励，并随即引导讨论。

师：你怎么会想到这个问题呢？

---

① 来自"在预想与生成的融合中精彩——语文课堂教学诊断之一". 山东教育，2006(1，2)

生：我看见五彩池的水很清、很漂亮，我想在里面游泳一定很舒服。

师：哦，你观察得真仔细。那么，游泳应该具备什么条件？

生：水要清，要干净。

师：对，也就是说要有卫生条件。除此以外你还想到了什么呢？

生：爸爸说，不能一个人去游泳。

师：是呀，安全这一点很重要。现在请同学们再仔细读读课文，五彩池到底能不能游泳呢？

生：我认为不能。因为"池底生着许多石笋"，我看见过石笋，长长的、尖尖的，在这样的池里游泳会有危险，脚容易被刺破。

生：五彩池根本不能游泳。文中说大的面积不足一亩，水深不到 3 米；小的呢，比菜碟大不了多少，水浅得用手指就可以碰到它的底。这样的池怎么能游泳呢？

生：（不少学生都情不自禁地在下面应和）是的！

师：你很会读书，大家同意他的观点吗？

生：同意！

师：（面对提问的学生）现在，你还想去五彩池里游泳吗？

生：（不好意思地笑笑）不想了。

师：还敢吗？

生：（用手摸着头，有点难为情地）不敢了。

需要讨论的问题

案例中，面对美丽的五彩池，学生要在里面游泳，其想法是真实的。然而，在如此奇丽的风景区游泳显然不妥，教师便尝试着通过对话让学生深谙其理。而结果铭刻于学生心中的不再是美的向往，而是无奈地回避——五彩池里尖尖的石笋要刺破脚。本来通过教师要让学生充分感受五彩池的美丽，并由此产生赞叹、向往之情，结果却适得其反。如果教师能深明课文的人文内涵，就无须带学生"转弯抹角"地浪费时间，一句话就可解决问题：是啊，这么美的五彩池，能在里面游泳真是一种享受。如果真让你去游泳，你肯下去吗？为什么？此时，学生就可能恍然大悟：这么美的五彩池，谁舍得跳下去呢？这样，五彩池留在学生记忆里的就是永远的美好和向往。

课程生成的主体是学生，生成的课程是要让学生去获得深刻的感受，并不是"知道"。不同的学生必须通过各自主体的活动、对既有经验的筛选、对新经验的理解，才能使自己的经验被不断更新，使新经验生成。因而我们在备课时要考虑不同的学生会有哪些不同的思考，可能会出现哪些解决方法，各种方法展现后怎样促进学生与课程各因素(不同学生、教师)的交互作用，帮助学生生成新经验，即我们要把单线型备课变成多线型备课。这就要求我们多一份对教学路径的预设，多一份对教学的动态生成。因为学生的学习起点不同，而把学生的教学起点作为极其重要的学习资源，这些资源如何生成？这就需要我们具备一定的教学机智了。因此预设时也应该是空间型的，即预设应设置一定的空间，给予一定的弹性，而不应该把每一步(甚至每一句话)都预设，把每一个预设都框住。只有这样，才会使预设脱去僵硬的外衣而显露出生机，才会使教师的教学既从容，又不乏灵活机智地创造。所以说预设，可以促进生成。

预设的目标并不是不可调整的唯一行为方向，也不是行为检测的唯一标准。课堂教学有一定的计划，但计划无法做到详尽和周密，课堂教学具有较强的现场性，学习的状态、条件随时会发生变化。当发生变化的时候，目标需要开放地纳入弹性灵活的成分，接纳始料未及的信息。课堂上可能发生的一切，既不是由教师单方面决定的，也不能在备课时都预测到。因此，课堂教学的质量标准，不是看预设目标是否达成，而是看是否即时生成了目标。

教师在课堂教学活动的开展过程中，学生自然流露的、产生的一些新问题，这类生成对教学的步步推进、教学目标的达成起到了正面的促进作用。教师的作用就是适时引导学生对这类问题进行研究。有时，在教学活动的开展过程中，因为理解的角度不同、认知起点不同等因素造成的对问题、文本的看法或理解产生偏差，教师就应适时引导学生纠正偏差，回到正轨。还有就是，在教学活动的开展过程中，因为思维方法的不同，个人知识的积累不同，对文本、问题的理解出现有悖于常规思路的生成，教师就该适时引导学生深入理解并回归主题。当出现这几种情况的时候，教师应该从学生的现有知识基础和智力水平出发，根据课文的语言表达和思想内容的特点，引导学生直接突破课文的重点、难点。突破的活动就是变化过程、生成过程。这是课堂生成活动中教师引领的基本方法。

(三)以读代讲，注重情感体验

语言不仅是静寂的字符，更是有声的艺术。琅琅的读书声一直都是语文课甚至是学校的一个重要标志。那么在致力于培养学生语言文字运用能力的语文课堂教学过程中，读书声必不可少。人们倡导诵读，即在理解的基础上，进行目睹其文、口出其音、耳听其声、心领其理、意会其情的综合性阅读活动，熟读成诵，以此获得对文本更加全面、深入、透彻的理解。在语文教学过程中多让学生诵读课文，符合阅读教学的内在规律：感受——领悟——升华。学生感受到其中的音乐美，有利于培养语感，达到一种说之不明却与之神通的效果。诵读可以帮助学生用自己的声音创造出作品形象，进一步感悟语言之神妙，洞察语言之精髓，把握语言之理趣。[①]

案例指引七：捅马蜂窝[②]

教学内容：四年级下册《捅马蜂窝》（北京出版社课标实验教材）

师："我"的心里多么难受，多么懊悔和自责啊！看着那个空空的马蜂窝，"我"甚至想要用胶水把它粘上去，在接下来的日子里，我经常做的一件事就是——

生：到爷爷的后院去等马蜂。

师：我们打开书，谁能为大家读一读"我"等待马蜂到来的语句。

（配乐朗读）

师："我"在两年的时间里每天都去等，而"我"等来的却是一只马蜂都没有，"我"那时的心情是——

生：失望。

生：沉重。

师：终于在第三年的时候"我"把马蜂等来了，那时"我"的心情是——

生：高兴。

师：我们一起读出这种高兴！

（齐读课文）

师：从这件事中"我"还得到了一个教训——

生：不再做一件伤害旁人的事！

师：（板书：不再做一件伤害旁人的事！）请大家再来读一读"我"的决心吧！

---

① 张学臣．浅谈语文诵读的方法和意义．现代阅读，2012(2)
② 本案例由北京顺义区南法信中心小学武宁提供

（生自由练读后指名读）

师：［范读：我不由得暗暗告诉自己：不再做一件伤害旁人的事！（重音为"一件"）］从老师的朗读中你们感受到什么了？

生：我感受到一件都不能做了。

师：谁能跟我读得不一样？

（生读句子。重音：旁人）

师：我们又感受到什么了？

生：我感到不能再伤及无辜了。

师：还有谁想跟我们读得都不一样？

（生读，重音：不再）

生：我感受到再也不做了。

师：同样一句话，可以读出不同的感受，就让我们一起带着自己的感受再来读读吧！

（生个性化朗读）

知道它的长处

在案例中，教师采用了"以读代讲"的形式，让学生在个性化朗读中理解课文，了解文章的主旨。我们知道，阅读是一种极富个性化的行为，在学习《捅马蜂窝》时，教师根据课文的特点及学生实际，运用配乐朗读、齐读、个别读以及自己的范读，引导学生深入地感知文本。在有感情朗读的过程中，学生一步一步地体会到作者的期盼、失望、高兴之情；在多种形式的朗读中，学生读出了自己对句子的理解和对文章主旨的感悟。尤其是对最后一句话进行的个性化朗读，由于读的重点不同，所表达的意思也就不同，这样就让学生把自己的感受用不同的形式表达出来了，更加深了对文本的理解。教师是学生的模仿对象，学生具有向师性的心理特点，学生的情感最易受教师的感染，只有教师的激情表达，触动了学生的情感，学生在其后的学习中才会情绪高昂，积极参与。

在教学过程中，指导学生朗读或诵读，应该有科学的指导，不能宽泛地一读了之。因为这是一种通过富有感情色彩的有声语言来理解书面语言的阅读方法，教师要引导学生把视觉看到的文字变作听觉形象，准确生动地再现书面语言所表达的思想感情。朱自清先生曾说："诵读是一种教学方法，目的在于培养学生的理解和写作的能力。教学的时候先由教师读，后由学生跟着读，再由学生自己练习着读，有时还得背诵。除背诵以外却都可以看着书。"①在读的过程中应该初读读准，练读读情，复读读意。在读准确的基础上，进行意义理解和意蕴的把握。

在引领学生读的时候还要多给留学生选择的余地。在一篇课文中有许多使用得确切、妥帖、生动传神的好词佳句，不同的学生自然会有不同的喜好，让学生挑最喜欢的词句来品味和交流，这是一种选择。课文中有对某一事物多角度、多方位、多层面的描述，让学生挑出使他最感动、体会最深的那一点进行交流，这是又一种选择。在人物群出现的课文中，让学生谈谈最喜欢谁、不喜欢谁，为什么？这是第三种选择。这样的选择还有很多很多。教师要做有心人，多创设这样的机会，引领学生声情并茂地读，富有条理地分析，以成就高效的语文课堂。

（四）课堂提问的有效性

阅读教学中的课堂提问是关系到教学组织成败得失的一项重要工作。有效的提问有助于学生积极主动地处理信息并生成答案。好的问题能提高学生的参与度，帮助学生理清思路，提高其思考水平，引导学生更好地完成学习任务，也能使教师检查学生的理解程度，以便提供反馈信息。如何保证教学过程中课堂提问的有效性，这是一个值得探讨的重要问题。

1. 整体把握教材，寻找突破口

教师要学会与文本对话，认真钻研教材，整体把握，抓文章的内在联系，在此基础上找到教学的"点面结合点"，找到教学的突破口。或抓住一个词，或抓住一个句子，或抓住一段话……并以此为切入点，牵一发而动全身，带动整篇文章这个"面"。因此我们要寻找阅读的最佳突破口，而这个"突破口"选择得准确与否，直接影响到课堂整体性教学的效果。

案例指引八：梅花魂②

教学内容： 五年级下册《梅花魂》(北京出版社课标实验教材)

教学设计： 在课题中有一个字——魂，那么梅花魂到底是指什么呢？读读课文，找到课文中能解释梅花魂的话。

---

① 朱自清．论诵读，选自《朱自清全集》，第三卷．南京：江苏教育出版社，1988：186

② 本案例来自五年级语文获奖教学设计优秀教案欣赏。http：//www.lspjy.com/thread－1395 05－1－1.html

是啊，莺儿……一个中国人，无论在怎样的境遇里，总要有梅花的秉（bìng）性才好！

层次一：梅花魂是指梅花的精神。

1. 简单地说，梅花魂就是梅花的——"秉性"，"秉性"是什么意思？文中指什么？

2. 这段话中哪几句是介绍梅花的精神的？（出示句子）读了这几句话，你想到了什么？能引导学生说出古人描写梅花的诗句更好。

3. 那该怎么读出梅花的精神呢？（自由读——指名读——齐读）

原来外公喜欢梅花，就是喜欢——（梅花的精神）学到这里，你认为梅花魂是指什么呢？——梅花的精神。

层次二：梅花魂是指中华民族的精神。

1. 难道梅花魂仅仅指的是梅花的精神吗？再找句子读。

2. 看梅花凌寒独自开了——

播放课件：歌曲《红梅赞》。

告诉学生：这首歌是电影《江姐》的主题曲，影片中江姐为了追求革命信仰和崇高理想，面对敌人的酷刑拷打，毫不动摇，大义凛然，最后含笑走上刑场，倒在一片梅花灿烂的地方。歌曲唱的是梅花，实是赞美江姐。

那么在你的记忆中像江姐那样有中华民族气节的人还有吗？（方志敏、王二小、董存瑞、邱少云……）

3. 是啊，他们就像这昂首怒放的梅花一样，千里冰霜脚下踩，三九严寒何所惧，一片丹心向阳开！把这种感觉带进去，自己再好好读读。

4. 原来外公赞颂梅花，就是赞颂具有梅花精神的中国人！而他们具有的这种精神正是我们中华民族的精神。

板书：民族魂。

层次三：做具有梅花精神的人。

是啊，外公不但赞美梅花，他更希望莺儿做一个有梅花品质的人。引读——"一个中国人，无论在怎样的境遇里，总要有梅花的秉性才好！"

老师小结：其实，这段话不仅仅是外公对莺儿说的，这更是他老人家自己心灵的独白。他漂泊海外，中国人的气节没有变，对祖国的爱没有变，就像他深爱的梅花一样，有品格，有灵魂，有骨气。

板书：爱国心。

知道它的长处

在这个教学设计中，设计者紧紧抓住"魂"进行提问，"在课题中有一个字'魂'，那么梅花魂到底指什么呢?"在这个问题的指引下，教师引导学生读课文，到文中找出能解释梅花魂的语句进行体会。从找到的句子中，学生能体会到梅花魂的第一层含义——梅花的精神。此时学生对梅花魂的理解，还是浅层次的，还需要教师进一步的引导。"梅花魂，仅仅是指梅花的精神吗?"问题一出，学生的思考也会随之深入，通过听歌曲《红梅赞》，回忆像江姐那样有中华民族气节的人，进一步理解梅花魂的第二层含义——中华民族的精神。在教师不断的追问和启发下，学生的理解步步深入。最后，体会梅花魂更是一种期望，要做具有梅花精神的人。在这个教学环节中，教师的问题并不多，但每个问题的设计，都特别到位。这个环节的设计，绕开旁支，直奔重点段落，对外公的话展开研读，使整节课的教学主次分明，重点突出。整个过程紧扣一个"魂"字，引导学生在三个层面上对"魂"展开个性化阅读，感悟至真至纯的爱国深情。突破口选好了，整堂课的教学效果随之变好。

2. 紧扣教学重难点，精选关键问题

以紧扣教学重点为基点精选关键问题，可以改变课堂教学过程中"胡子眉毛一把抓"、重点不突出的现象，可以克服满堂问的缺点，切实做到"教师主导，学生主体"。

案例指引九:"钢琴之王"的微笑①

教学内容:六年级上册《"钢琴之王"的微笑》(北京出版社课标实验教材)

教学重点:联系上下文和生活实际理解"钢琴之王"的三次微笑和结尾含义深刻的句子，感受李斯特善解人意、真诚助人的人格魅力。

体会三次微笑的含义。

1. 第一次微笑(略处理)。

师:1832年的一天，李斯特得知自己的一个学生要举办钢琴演奏会，就顺着琴声来到了房间门口……

(1)李斯特的第一次微笑是在什么情况下出现的，你从中体会到了什么?

生:李斯特的第一次微笑出现在登门寻找自己的学生时。

生:我从中体会到李斯特很有礼貌、很和蔼。

---

① 本案例由北京市顺义区河南村中心小学杨小侠提供

生：我还体会到他对别人的尊重。

带着感受读读。

(2)面对李斯特的微笑，姑娘有什么反应呢？读出相关的句子。

生：她很羞愧。

生：如实讲出原因。

2. 第二次的微笑(重点感悟)。

师：李斯特的第二次微笑又是在什么情况下出现的呢？

生：出现在李斯特为姑娘弹了她刚才弹奏的曲子，姑娘惊叹不已。

"你也会弹得同样好。"李斯特微笑着说，"你瞧，我刚给你上了一节练习课，现在你可以向任何人说你是李斯特的学生了。"

(1)感悟第二次微笑——李斯特的微笑。

从李斯特的这次微笑中体会到了什么？谁来汇报一下你的学习收获？

相机出示：

"来吧，姑娘，把刚才弹的那支曲子继续弹下去，让我听一下。"

"还不错，但是要控制节奏，再有就是手指的力度要尽可能地均匀一些。"说着，李斯特坐到了钢琴前边，以极其娴熟的手法把姑娘刚才演奏的曲子又重新弹奏了一遍。

大家都来读读这段话，从这段话中你感受到什么？

生：感受到李斯特的热情、宽容、理解、真诚相助、体谅。

生：感受到李斯特演奏水平极其高超。

指名读第 12 自然段，体会钢琴之王的微笑，补充修改批注。

(2)感受姑娘的反应——情感变化。

生：被人们誉为"钢琴之王"的李斯特，主动收下了这个冒充自己学生的姑娘，并告诉姑娘准备和她同台演出。这一举动深深地触动了姑娘。

请你用"当……的时候，姑娘……"的句式来描述一下此情此景下姑娘的反应。

生：当李斯特以极其娴熟的手法把姑娘刚才演奏的曲子又重新弹奏了一遍的时候，姑娘忍不住惊叹"你弹得真好"。

知道它的长处

在教《"钢琴之王"的微笑》时，教师将教学重点确立为：联系上下文和生活实际理解"钢琴之王"的三次微笑和结尾含义深刻的句子，感受李斯特善解人意、真诚助人的人格魅力。在教学过程中，教师紧紧围绕教学重点来设计问题，如"李斯特的第一次微笑是在什么情况下出现的？你从中体会到了什么？""面对李斯特的微笑，姑娘有什么反应呢？""李斯特的第二次微笑又是在什么情况下出现的呢？""你从李斯特的这次微笑中体会到了什么？"这些问题是通过"李斯特三次微笑"的明线和"姑娘反应"的暗线来进行设计的，这样有助于学生将思维聚焦到课文的重难点上，以便更好地理解课文内容。

由此可见，在阅读教学中提出问题，一要直指关键处，这样才有助于学生将思维聚焦到课文的重难点上，才能更好地理解文本内容。反之，设计过多的提问，容易把课文肢解。二要精，要有利于学生思考，能起到"以问促读""以问促思"的作用。精当的提问，符合教学的需要，能激发学生的求知欲，并启迪思维。问题不多，却是精选关键，围绕教学重难点设计，而且回答这些题目，像摘果子一样，不能伸手就拿，须跳一跳才能够得到。学生必须带着问题认真读课文，从字里行间得到启发，自己再动脑筋分析，才能找到正确的答案。

3. 注重问题的生成，打造有效课堂

提问是课堂教学中最直接的师生间的双边活动，是发展学生思维、及时反馈教学信息以及推动学生实现预期目标的基本手段，提高课堂提问的有效性是教学成功的起点和基础。在课堂教学过程中，不仅由教师提问，也要调动学生提问的积极性。要鼓励学生在深入阅读文本的基础上提出问题。我们常说提出一个问题比解决一个问题更重要，能提出一个有价值的问题充分反映了学生对事物思考的深度和广度，是衡量学生思维能力的重要标准，反映了学生在思维深刻性、独立性和创造性方面的差异。教师在课堂上要千方百计让学生积极思考并提出问题，进而为生成的问题找到解决的方法。

真正的课堂是一个动态发展的过程，具有很大的生成性。提高课堂提问的有效性，教师要及时捕捉课堂中生成的有价值的问题，并相机点拨，从而激起共鸣，提高课堂教学效率。

案例指引十：冬阳·童年·骆驼队 [①]

教学内容：五年级下册《冬阳·童年·骆驼队》（课标实验教材人教版）

---

① 本案例由北京市延庆县第二小学王雪洁提供

师：从这一部分中他读懂了"我"和爸爸关于骆驼为什么戴驼铃，有着不同的观点。爸爸的观点是：（生接读）骆驼之所以戴驼铃，是为了驱赶狼。而我的观点呢？（生接读）那对于爸爸的观点和我的观点，你同意谁的观点？说一说为什么。

生：我同意爸爸的观点，因为爸爸的观点是有道理的。

生：我同意作者的观点。因为我认为作者的观点特别天真、特别可爱。

师：爸爸的观点有道理，而我的观点是天真的、可爱的。那么想一想，作者和爸爸之间为什么会有不同的遐想呢？

生：因为爸爸已经成年了，他知道这种道理。而作者那会儿还小，她可能不知道那些。她只知道戴驼铃为了旅途有趣。

师：还有一个其他的原因，你觉得是什么？

生：我从第8自然段第一句话"作者幼稚的心灵"看出她非常天真。

师：我们来找两个同学读一读，爸爸和"我"之间的对话。

生：（读）

师：读"我"的语言，应该读出作者的天真和对骆驼的喜爱，那么关于驼铃的遐想，你有什么想法？你对驼铃有什么遐想呢？你觉得骆驼为什么戴驼铃？

生：我觉得骆驼戴驼铃，应该是骆驼丢了之后，拉骆驼的人听到了驼铃声就会找它。

生：骆驼不是去各种地方吗？也许它到了那儿，人们就会知道。

生：我觉得打头的那匹戴铃铛，其他骆驼跟着它走。

师：嗯，也很有道理。或许我们的想法和作者的想法是一致的。这些都是我们关于驼铃的遐想。

知道它的长处

在这个教学片段中，教师及时有效地捕捉到了课堂中生成的问题并进行了点拨提问。在学生读懂了"我"和爸爸关于骆驼为什么戴驼铃有着不同的观点的时候，顺势引导学生思考："对于爸爸的观点和我的观点，你同意谁的观点？说一说为什么。"这个问题具有开放性，学生可以有自己的想法，在理解课文的基础上只要言之有理即可。当学生根据自己对课文的理解说出自己的想法之后，教师接着引导学生思考"作者和爸爸之间为什么会有不同的遐想呢？"，这样学生自然而然地就能体会到因为年龄的不同才会有不同的想法，作者之所以这么想是因为她非常天真、可爱，有着"幼稚的心灵"。再读文中的对话时，学生一定能读出作者的天真和对骆驼的喜爱之情。教师非常巧妙地抓住了具有生成性的问题，引导学生基于文本进行对话，由浅入深、层层深入。

教育的技巧并不在于能预见到课堂的所有细节，而在于根据当时的具体情况，巧妙地、在学生不知不觉中做出相应的变动。教师应该敏锐地捕捉课堂上学生的各种反应，随机应变地解决课堂教学进程中出现的问题。语文课堂上应有生成的动态美，语文教学不能是亦步亦趋、一成不变的线形序列。这样说并不意味着语文课堂可以没有预设。相反，动态生成的语文教学对教师的课前预设提出了更高、更新的要求，教师的"教学智慧"也将面临崭新的考验：对教学目标必须有一个清晰、理性的安排，而这种安排又必须是弹性的，为学生的自主发展留有适度的空间，因而也是无痕的。

三、课堂教学过程中的有效评价

在教学过程中，有效的评价会极大地提高学生学习语文的兴趣，激发学生的学习动力和潜能。这就要求教师在课堂中关注学生的发展，对学生的行为变化与能力发展进行适时恰当的评价。正如《语文课程标准》所倡导的，要"突出语文课程评价的整体性和综合性"，评价本身不是目的，评价"是为了考查学生实现课程目标的程度，检验和改进学生的学习和教师的教学，改善课程设计，完善教学过程。"[①]在实际操作中，应发挥语文课程评价的多种功能，尤其应注意发挥其诊断、反馈和激励的功能，有效地促进学生的发展。

(一)评价需要多元化

评价的主要目的是为了全面了解学生的学习过程，激励学生更加努力学习，帮助学生认识自我，树立信心。对学生的评价应从注重甄别选拔的评价转向发展性的评价，在评价的过程中既要关注学生对知识的理解、能力的掌握，又要关注学生情感态度价值观的形成和发展；在关注学习的结果的同时，更要关注学生在学习过程中的进步和变化，语言、行为和情感上的变化都应

---

① 中华人民共和国教育部制定．义务教育语文课程标准(2011年版)，北京：北京师范大学出版社，2012：26

该是教师评价的内容。

案例指引十一：找春天①

师：这篇课文写得可美了，大家想读吗？

生：想！

师：那我们就一起到文中去感受春天的明媚吧。

（读完后）

师：刚才你们的朗诵棒极了，真像在合奏一首春天的交响乐。下面我们要分段来读，看看谁在独奏时也能像百灵鸟一样悦耳动听？

学生们纷纷举手，教师随机选了几个同学来读。

生：春天来了，春天来了。

（第一个学生读得正确而流利，但是感情表达不够充分）

师：谁能够读出春天来临时的喜悦？

（第二个学生读出了感情）

师：谁能把高兴的表情加上？

于是，后面的同学就读得摇头晃脑、眉飞色舞了。

需要讨论的问题

在这个片段中，教师对学生的朗读进行了及时的评价和有针对性的引导，但是却不够充分具体。在学生读完后，教师评价学生朗读"你们的朗读棒极了"却没有说出到底棒在哪儿；分角色朗读时学生是在教师的引导下读出喜悦和高兴的，读完之后教师还应该给予相应的评价。可以从朗读的过程和方法入手进行评价，可以从语音语调上对学生的朗读进行评价；也可以从学生朗诵时的表情进行情感方面的评价。总之教师是可以从多个角度进行评价的。教师在进行评价时，要综合考查学生在阅读观察中的感受、体验和理解，要关注其阅读兴趣与价值取向、阅读方法与习惯。对于学生有创意的阅读，要求教师面对学生个性化的阅读行为，采取个性化的评价方法，尊重学生在阅读过程中的独特感悟和再创造，对其进行评价和点拨。

（二）评价需要学生的参与

学生是学习活动的主体。阅读是学生的个性化行为，因此，在阅读教学

---

① 本案例由张娜提供

过程中，不应该以教师的分析来代替学生的阅读实践，要珍视学生独特的感受、体验和理解。教师不再是高居于学生之上的知识传授者，而是学生学习过程中的引领者、点拨者。学生是语文学习的主体，教学要充分体现"以学生为本"的精神。那么在评价中，学生就不应该是个完完全全的"被评价者"，在评价中应该有学生的位置。我们知道，评价不是教育的最终目的，不能为评价而评价，评价应该是积极的。我们要通过评价来促进学生的发展，通过评价更好地让学生认识自我，体验到初步的成就感。为了达到这个目的，应该注重评价主体的多元与互动。应该将教师的评价、学生的评价及学生之间的相互评价相结合，加强学生的自我评价和相互评价，使评价有利于每个学生的健康发展。

案例指引十二：看不见的爱①

教学内容：六年级上册《看不见的爱》（北京出版社课标实验教材）

师：下面请大家浏览课文，试着概括这篇课文的主要内容。好，开始。

师：想好就可以举手。

生1：夏季的一个傍晚我出去散步，在一片空地上看见一个小男孩和他的母亲正在打弹弓。我站在他身后看他怎么也打不中，我走上前去对那位母亲说，让我教他怎么打好吗？他母亲说他看不见，夜色越来越浓，我想今天他打不中了。我向回走出几步，听见瓶子的碎裂声。

师：你们觉得他说得怎么样呀？

生2：我觉得他说得特别长，不简练。

师：你可以吗？

生2：可以。

师：好，你来。

生2：一个看不见的小男孩和他的母亲在一块草地上打弹弓，但是因为这个小男孩看不见他总是打不中，但是，他不放弃，他的母亲也不放弃，一直给他递着石子，最后男孩终于打中了。

师："男孩看不见，他不放弃，母亲也不放弃，一直给他递着石子"这一段我们可以用一句什么话来概括？

孩子们情不自禁地说起来："经过反复练习""经过长时间练习"……

---

① 本案例由北京市顺义区马坡小学张杰提供

师：经过反复练习，他终于打中了。你们觉得这样概括全面吗？

生3：不全面，我觉得他少了一个时间。

师：你试试。

生3：夏季的一个傍晚，一个小男孩在母亲的陪伴下拿弹弓打一只立在地上的瓶子，那个男孩总是打不中，但是经过反复练习，他最后终于打中了。

师：他概括的比较全面，也比较简练。这个故事是"我"看到的。如果把"我看到"再加上是不是就更完整了呀？我们每个人都试着说一说这篇课文的主要内容。

知道它的长处

在这个教学片段中，教师引领学生概括课文的主要内容。在概括的过程中，教师没有简单地对学生的回答进行评价，而是组织学生进行适时的补充并进行及时评价，让学生在相互评价中，指出别人概括中存在的不足，吸取别人的经验，然后自己再进行概括。在一步一步的评价和分析中，学生最后全面简练地概括出课文的主要内容。学生之间的互评、师生之间的评价正体现了评价的多元化。因此，在今后的教学中，我们要征询学生的想法，为他们提供评价的机会，使学生加入到评价中来。在评价他人的过程中促进每个人的自我反思，促进每个人主动地学习。可见，评价的主体既有教师又有学生，更有利于发挥学生学习的主动性。在师生互评、生生互评的平台上，学生作为学习和发展的主体才能得以更好地体现。

在课堂教学中，不管采用哪种评价方式，不管是针对学习内容的评价，还是针对学习习惯、学习方法、情感态度和合作学习等方面的评价，都要尊重每个学生的感受，要敏锐地捕捉其闪光点，并及时给予肯定和表扬；要发现学生学习中存在的问题，提出改进的建议。每一次评价都应该是实事求是的，要让学生感受到教师和同伴的心诚意切，使评价成为激励学生积极思考、有效学习的手段，使学生在评价中交流，在交流中学习，在评价中取得进步。

（三）评价要有利于学生的发展

学生的发展是多方因素共同作用的结果，在学校教育这一情境中，教师不仅要关注他们的学习成果，还要关注他们的情感、品质等方面的发展。评价内容的立体多元，可以促进学生全面发展，使其适应时代和社会发展的需要。

案例指引十三：杨氏之子①

教学内容：五年级下册《杨氏之子》（课标实验教材人教版）

师：课文讲了一个怎样的故事呢？让我们试着说一说。请同学们用我们以前学习古诗的方法先讲讲每句话的意思，再连起来讲讲课文的意思。我们大家一起来试一句，请同学们自学第一句，谁学懂了谁就举手。

生：这句话的意思是：梁国姓杨人家的儿子九岁，很聪明。

师："甚"是"很"的意思，你是怎么知道的？

生：我是看课文下面的注释知道的。

师：你很善于看注释，这是学习文言文最常用的方法。可是这个"惠"的意思，注释上是"智慧"，你怎么翻译成聪明了？

生：（沉默片刻）把"惠"理解成"智慧"，这句话就成了"梁国姓杨的人家儿子九岁，很智慧"句子不通顺了。

生：可以说他既聪明又有智慧。

师：其实，"智慧"是一切聪明才智的总称，结合上文看，这是一个九岁的孩子，我们就说他"很聪明"。这是结合上下文来理解的。也就是说，讲古文的大概意思的时候，如果句子有不顺畅的地方，要结合上下文，根据我们现在的语言习惯，适当加个词、换个词，把句子说通顺。

师：就这句话，你能不能把句子说得再顺畅些？

生：梁国有一个姓杨人家，他儿子九岁了，很聪明。

师：这样说听起来更顺畅了。也就是说，句子不顺的时候，可以适当加上一些词，使句子更符合我们现代汉语的语言习惯。就用这样的方法，自己讲讲这个故事吧。如果遇到读不懂的句子怎么办？

生：可以画上问号，一会儿问问同学。

生：可以查查相关的资料。

师：对，可以查查相关的资料。还可以请教周围的人，比如问问同学、问问老师……

生：可以联系上下文。

师：你很会听课！这是学习所有课文的一个很重要的方法。就用这样的方法学习，开始吧！

---

① 本案例由北京市延庆县第三小学于春先提供

知道它的长处

在这个教学片断中，教师对学生的回答进行了及时有效的评价，既有对学生学习方法的引导，又关注了学生的情感。在课上老师没有使用"你真棒""你真厉害"这样简单的评价，而是进行了针对性评价，如"你很善于看注释，这是学习文言文最常用的方法""你很会听课，这是学习所有课文的一个很重要的方法"。这样的评语首先是对学生的肯定，关注到了学生的情感，同时又告诉大家应该怎样做才能做好。我们知道"授人以鱼不如授人以渔"，学习知识最重要的是学习方法。教师在评价中适当教给学生阅读文言文的方法，理解文言文的意思，通过示范学习方法，提高了学习效率。这种评价改变了过于重视甄别和选拔的状况，突出了评价的诊断和发展功能。

第三章

小学写作教学的有效实施及策略

- 培养观察能力
- 命制恰当题目
- 创设情境
- 注重方法上的引领
- 读写结合
- 多元化评价

数千年来，写作已经成为人类生存的一个有机组成部分。早在 1924 年，叶圣陶先生就指出"人类是社会的动物，从天性上、从生活的实际上，有必要把自己的观察、经验、理想、情绪等宣示给人们知道，而且希望愈广遍愈好。有的并不是为着实际的需要，而是对于人间的生活、关系、情感，或者一己的遭历、情思、想象等，发生一种兴趣，同时仿佛感受一种压迫，非要把这些表现成为一个完好的定形不可"。① 若要满足这种"宣示"的需要，选择写作，用文字来表达，是便利的方式之一。

于是在学校的语文教育过程中，教会学生写作，使学生能够基于自己的现实经验和感受，运用恰当的语言和写作技巧，通过一定的结构形式，来表达情感，一直以来都是一个重要任务。

① 叶圣陶．怎样写作．北京：中华书局，2007：1～2

这个任务完成得如何？《语文课程标准》强调"写作是运用语言文字进行表达和交流的重要方式，是认识世界、认识自我、创造性表述的过程。写作能力是语文素养的综合体现。写作教学应贴近学生实际，让学生易于动笔，乐于表达"。[①] 但是在写作教学过程中，我们经常会发现这样的现象：面对一个作文题目或者写作话题，学生们一个个满脸迷茫，不知如何下笔。有研究者基于对江苏省36所中小学的调查研究，发现新课程改革虽已十年有余，但审视近十年来我国写作教学的现状，情况依旧不容乐观。[②]

如何更有效地培养学生的写作能力，这个问题值得每一位语文教育工作者认真思考。

一、素材的积累与选择

学生要通过书面文字表情达意，要突破的第一关就是有的可写，即有素材。对学生而言，最主要的积累素材的途径无外乎观察生活和阅读。观察，不仅是学生获取作文题材的重要途径，也是他们认识世界的重要通道。在指导学生作文时，教师要在观察上下工夫，激发学生的观察兴趣，培养学生的观察能力。指导他们观察日常生活，观察社会，观察大自然，观察周围的人，使之发现其中闪光的东西。只有这样，学生在观察中接触了实际，掌握了第一手材料，他们才会感到有话可说，在观察思考中对生活有了认识，他们才会有话想说，才能谈到有话会说乃至说好。随着学生的成长，他们在日常生活和学校的学习过程中，不断丰富着相关的经验和体会，对于特定的话题，因其认知能力和道德发展的特点，可能会有许多内容可写，在这种情况下，怎么选择、选择什么，就是一个重要问题了。

（一）通过观察积累素材

1. 观察与体验有机融合

观察是人们认识客观世界的一项感知活动，是一个由直接感觉、思维和记忆组成的复杂认识过程。这个过程需要体验的介入。所谓体验，就是通过

---

① 中华人民共和国教育部制定. 义务教育语文课程标准(2011年版). 北京：北京师范大学出版社，2012：23

② 屠锦红. 审视近十年我国写作教学——基于江苏省36所中小学的调查研究. 河北师范大学（教育科学版），2010(10)

实践来认识周围的事物，也就是亲身经历的意思。俄国著名作家冈察洛夫曾经说过："我只能写我体验过的东西，我思考过和感觉过的东西，我爱过的东西。我清楚地看见过和知道的东西，总而言之，我写我自己的生活和与之常在一起的东西。"体验对于观察的深入有着直接的影响。体验可以帮助观察深入一步，观察又可以帮助体验丰富起来。因此要"将观察与体验有意识地结合起来"。怎样才能将二者有机结合呢？第一，在观察生活的时候，努力把自己摆进去；第二，在体验生活的时候，要努力做好深入观察。把自己摆进去，通过耳闻目睹和亲身感受，写出自己的所见所闻、所思所想。

在写的过程中，要力求准确地描述出自己观察体验的具体过程。当然，这不是指事无巨细地把全过程都记下来，但对于引起体验的重要细节要力求具体地记下来。可以直接记叙体验过程，也可以将观察与体验结合起来写，还可以在写景描情的字里行间渗透自己的体验，又可以借抒情把自己的体验传达给读者。

案例指引一：人物表情描写练习[①]

师：同学们，我们人的面部表情可谓奇妙无穷。回去让大家收集描写面部表情的词语，不知大家收集得如何？请汇报一下。

生：微笑、大笑、苦笑、笑哈哈、皮笑肉不笑、笑容可掬……

师：哎呀，全是笑啊？不过也不错，这告诉我们单单是笑就丰富无比，谁再来？

生：生气、瞪眼睛、乐哈哈、舒眉、做鬼脸、面无表情、严肃、严厉。

生：目瞪口呆、呆若木鸡、面如土色、喜笑颜开、喜上眉梢、愁眉苦脸、泪流满面、惊惶失措、咬牙切齿……

师：哇！好厉害，全是4个字的啊！谁再来说说，2个字的、3个字的都行。

……

师：瞧这么多的词，都是用来描写我们的表情的，下面我们就请几个同学来演一演你们收集到的表情词，然后大家来描写。

生：我给大家表演"回头一笑"。（学生背向大家，走两步，一回头眼睛眨两下，微微一笑，表演得很滑稽，把大家都逗笑了）

---

① 黄瑞夷．作文教学的趣味与意境．福州：福建教育出版社，2006：23～25

师：好，刚才这位同学表演得很棒，真是大方、可爱。现在请大家写出这个形象，然后读一读。

生：丁超同学很大方，他走到讲台前说"我给大家表演回头一笑"。（只见他背向大家，慢慢向前走，突然一回头，做了个笑脸，还羞答答的样子，把大家给乐坏了）

生：好个丁超，真是个演员，能大方地在同学面前"回头一笑"。（他面向黑板走了两步，猛地一回头，好像看到了喜欢的朋友，眨巴着双眼，嘴角一提，笑了，笑得很害羞，后来又笑得很灿烂，把同学们都逗乐了）

师：写得真好，很仔细，谁再来表演。

生：生1表演受到惊吓后的表情。生2表演哈哈大笑。生3表演自高自大、轻蔑。生4表演斗鸡眼、得意扬扬、惊惶失措、趾高气昂、呆若木鸡。

（学生描写略）

师：刚才大家都写了同学们的表演，句式为"人＋表情＋动作＋环境"，现在请大家变化顺序，而且可以多个人合起来写，即"多个人＋多种表情＋环境＋动作等"，自己定句子顺序。

知道它的长处

学生常常觉得作文没什么可写，可这一课堂片段却告诉我们，其实可写的内容很多，教师要善于挖掘生活中的素材，为学生创造条件，使他们有内容可写。

在这个案例中，学生现场表演，观察，现场写作。学生描写自己刚刚经历的事情，并且是群体的同时经历，这样写起来新鲜、有趣，而且可以反复比较写得是否准确。"瞧这么多的词，都是用来描写我们的表情的，下面我们就请几个同学来演一演你们收集到的表情词，然后大家来描写"。教师巧妙地给学生设置了一个表演、观察的机会。孩子们表演得有趣，观察得认真，而且每个人的体验是不同的，即使都在观察同一个人的"回头一笑"，有人体会到了"羞答答"，有人体会到了"很灿烂"，每个人的既有生活经验不同，面对同一对象的感受也会不同，如果每个人都把自己的观察和独特的感受表达出来，一定会感染或感动更多的人。

在这一案例中，教师指导学生通过不同句式的变换，把眼前所观察到的事物，较准确地表达出来，并且尽可能地使句子多样、灵活，这就体现出既要帮学生有的写，又要告诉学生怎么写。

　　一般来说，在指导学生进行课外观察时，教师要注意引导学生观察自然——注意日月星辰的变化，留心山川河流的形态，观察风霜雨雪的景象，了解鸟兽虫鱼的习性，注意花草树木的生长；引导学生观察社会生活——了解家乡日新月异的变化，参观工厂，访问农家；观察学校生活——注意学校开展的活动，大到开学典礼、运动会，小到主题班会、同学课堂发言；观察家庭生活——留心家里今天来了什么客人，爸爸又买了什么新电器，妈妈又添了什么新衣服，家里人的言谈举止……

　　观察是一项复杂的活动，不能只用眼睛，要眼、耳、口、手、脑并用，在观察的同时要养成分析的习惯，做生活中的有心人。

案例指引二：宝贝[①]

　　师：今天下雪了，老师给你们带来了一件宝贝。老师藏在这里了。（师拿出了一个盒子）

　　师：你猜猜这里是什么？

　　生1：一支笔。

　　生2：里边有很多好东西。

　　师：不是一件，是吧？

　　生3：里面有雪。

　　师：里边有雪哎，你的想法真独特。

　　生4：里头有一套文具。

　　师：哦，里头有学习的文具。刚才你们七嘴八舌地说，张老师一时都记不清楚，你们都说什么了？

　　生：有的说是一根铅笔，有的说是很多很多的宝贝，有的说里边装的雪，还有的说里面装的是一套文具。

　　师：哎哟，给他送去掌声。他不仅耳朵灵，而且嘴巴多会说呀！他用积累的句子"有的……有的……还有的"，就把大家的议论纷纷表现出来了。

　　师：总而言之，大家各自有各自的猜法。我告诉你，这里面的东西独一无二。你怎么理解？

　　生：独一无二，就是这里的东西只有一个，没有第二个。

　　师：世界上只有这一个，不可能出现第二个。那现在你心情怎么样啊？

---

　　①　本案例来自北京海淀区教师进修学校小学语文教研室张立

生齐答：激动。

师：我找一个同学说，你说过了，不让你说了，那个最远的男生说说。

生：非常激动。

师：嗯，他说非常激动，你呢？来，你说。

生：非常盼望能见到这个东西。

师：想马上就把它打开，看看是什么。还有同学想说吗？

生：我觉得很高兴。

生：因为独一无二，我肯定很好奇。

师：他特别好奇。大家的心情各不相同，那老师把它打开，好吗？

生：好。

师：你们倒计时，三个数，老师把它请出来。

生齐数321，师打开盒子，拿出"宝贝"。

生笑。

生：宝贝里还有宝贝。

师：你看到什么了？听到什么了？想到什么了？（板书：看、听、想）

我请同学说一说。

生：宝贝盒"咔"的一声打开了，里面拿出了一件宝贝，宝贝里面还有宝贝，我想这个宝贝可能没有。

师：啊？他表示怀疑了。张老师觉得他刚才有一个字说得真精彩，他说这盒子怎么样啊？"咔"的一下打开了，增添了几分神秘感。你想说什么呀？你看到什么了？听到什么了？想到什么了？大胆地说自己想说的话。

生：我看见老师从大盒子里拿出了一个爱心型的小盒子，我想这个小盒子应该不是一个宝贝，这里面肯定还有更稀奇的东西。

师：嗯，还有更稀奇的东西。离我远的那个男生，请你说。

生：我看见盒子里出来了一个小盒子，但是，我觉得这并不是一个宝贝，只是一个普普通通的小心形，装巧克力的盒子。

师：他表示疑惑了，是不是老师骗人呢？这是宝贝吗？你猜这里是什么。

生：我看见老师把大盒子打开，我猜里面还有一个盒子。

师：哦，他猜里面还有一个盒子。

生：我猜里面有一颗宝石。

师：哎哟，是宝石哎。我找那没发过言的，你说。

生：我猜里面是一块橡皮。

师：橡皮当宝贝，有点意思。还有谁说？

生：我猜里面还有更小的盒子。

师：我听了听，有好几个人说里面还有一个更小的盒子。好了，老师暂时把宝贝放在这儿。同学们呀，刚才咱们猜了一次又一次，咱们就猜到这儿。现在我请你们来看。老师告诉你们，老师从来不说谎，真的是宝贝。我请两个同学上来看。

（学生举手）

师：离我最远的这男生，离我最远的这女生。好，小小的要求，你们看到了，绝对不能说出来。能做到吗？（生答能）其他同学睁大眼睛，他们不能说，你们观察到了什么？

师：（师面向男生）宝贝只能看一眼，不能让他们看。（让男生面向大家）得让大家看到你。（打开盒子）

师：是不是独一无二？

生：是。

师：是不是宝贝？

生：是。

（转向女生）

师：好了，该你了，也是转过来，让大家看到。只有一眼，不能让他们看见。（打开盒子，让女生看）是不是独一无二？是不是真宝贝？

生：是。

师：好了，你们都观察到什么了？

生：我观察到，我没看见里面的东西，我只看见盒子留了一个小缝。

师：你光看盒子，都没看这俩人啊！

生：我看见了，他们都只看了一眼，都说这是天下独一无二的真宝贝。

师：你看他说得多好。只看了一眼，这个"只"字用得太棒了！

师：你看到的、听到的、想到的。

生：我看到老师把盒子打开一条缝儿让他们看，他们俩看完之后，都觉得很惊讶，我觉得里面可能还有更好的宝贝。

师：噢，她发现他们的表情是惊讶的，真好！谁观察得更细？

生：我看见他们俩毫不犹豫地说里面有宝贝，而且是真的宝贝。

师：哪个词给你印象特深，他发言当中？

生齐答：毫不犹豫。

师：真会用积累的词语。好了，现在我请你们俩回去。我再请一组同学看，有的同学到现在还半信半疑呢。哪组同学思维活跃、姿势端正？哇，都这样，那我选一组。每人只看一眼。

其他同学不许偷看，注意观察。你又观察到什么了？

（给一组的同学每人看一眼）

知道它的长处

这是一节小学生的习作课，这些学生刚从二年级升入三年级。在课堂上，教师创设情境，让学生在游戏中体验，有所见、有所闻、有所感、有所思。在"猜宝贝""看宝贝"的过程中，既培养学生的观察能力，又引导学生思考。对于三年级的学生来说，如何解除他们对写作文的恐惧心理，帮助他们在日常的学习生活中有所发现，引导学生把自己觉得新奇有趣或印象深刻的内容写清楚。这是进行有效作文教学的一个关键。

在课上，教师通过"猜宝贝""看宝贝"的游戏，引导学生会观察，在观察的同时，引导学生有机融入自己的体验。在"猜宝贝"的过程中。面对大家七嘴八舌的猜测，面对诸如文具、笔、雪的答案，教师引导学生关注对"独一无二"的理解，在大家明确了独一无二是指世界上只有这一个、不可能出现第二个的基础上，教师引导学生关注自己此时的心情，"那现在你心情怎么样啊？"一个问题的提出，犹如一粒石子激起了层层浪花，使学生从单纯关注"宝贝"是什么，到关注自己面对这"独一无二"的宝贝时的心情，激动、高兴、好奇，等等。在猜的过程中，引导学生增加了对自己心理活动的关注。

如果学生一直猜来猜去，会有无数种可能的结果。但是这节课的目标在于"在猜宝贝、看宝贝的游戏活动体验中激发写作的兴趣，乐于表达；学习观察，把印象深刻的内容通过看到的、听到的、想到的清楚地写下来；尝试在习作中运用自己平时积累的好词好句。""猜"只是激发兴趣、学习观察的一个手段。于是，在激起兴趣之后，引导学生"看宝贝"，这个"看"，不是为了知道结果，而是培养学生的观察能力。在看的过程中，教师一直强调"你看到什么了？听到什么了？想到什么了？"

在揭开谜底的过程中，共有三次看。第一次是大家倒计时数三个数，教师打开盒子，从里面拿出了一个小盒子，每个人都在看；第二次是教师请一个男生和一个女生上前观看小盒子里的秘密；第三次是请一组同学观看小盒子里的秘密。在后两次的观看过程中，特定对象观看盒子里的秘密时，其他同学观察的是他们的表现。

学生对观察结果的描述也是逐渐丰富起来的。有的学生说"我只看见盒子留了一个小缝"，有的学生说"他们都只看了一眼，都说这是天下独一无二的真宝贝"，从只关注盒子的状态，扩展到关注同学的动作和语言，再到"我看到老师把盒子打开一条缝儿让他们看，他们俩看完之后，都觉得很惊讶，我觉得里面可能还有更好的宝贝"，这个观察结果，是在教师再一次提醒"你看到的、听到的、想到的"之后得出的。

这种多角度观察的引导，既解决了学生无材料可写的烦恼，又教学生学会思考，使学生不只是用眼睛看，更是在用心去体会。

2. 扩大观察范围

我们知道，人是不能孤立生存的，人和自然、人和人之间有着千丝万缕的联系，因此，对人的观察，不能局限于只观察特定的对象，而应将眼界放宽到这个人生存的整个环境。也就是说，一方面要仔细观察这个人和其他人的关系；另一方面，还要注意这个人与其他事物的联系。只有将所有的相关方面都了解清楚了，我们才能较全面地了解一个人，也才能有可写的内容。

教师在指导学生观察人物时，常常强调要学生先抓住人物的主要特点，特别是人物突出的外貌来观察，比如人物的长相体态、衣着打扮等，这没有错。但仅有这些，还不够，还要注意观察与我们确定的主要对象相关的一切人和事儿。另外，在表现观察结果的时候，不仅包括对确实见到的现象的描绘，而且还要包括对其心理的解释。因为我们观察的目的，不仅仅是描写人的外部动作和行为，而是要了解人的心理活动，即从外表出发来探寻心理的意义。一般而言，从一个人的行为表现，就可以了解他的心理活动。在表达的时候，首先记录下行为表现，然后，对其做出"解释"。

说到这里，想到了在《论语》"为政"篇中所说的"视其所以，观其所由，察其所安"。要观察、了解一个人，就要着重了解他的内心世界。观察一个人的所作所为，观察他之所以这样做的缘由，观察他是不是乐意这样做，如果照这样一步步去观察，对你所观察的人，还有什么不了解的呢？只有多角度、多侧面、多层次的观察，才会使人物性格丰厚实在，给人以立体感。

3. 注意顺序、方位，强调变化

在观察对象的时候，要注意以下几个方面：确定观察点；注意观察的顺序、方位以及观察对象的变化。

在观察活动中，无论在我们面前展现的是多么复杂的景物或场面，先要确定观察点。观察较大范围的景物或某处景物的全貌，要把观察点定在高处，从上向下俯视，使人视野开阔，下面的景物可以尽收眼底、一览无余。对视野范围内景物分布的层次，各种景物之间的关系也都能一目了然。

在观察景物时需要注意观察的先后顺序。站在高处，俯视下面的景物，有时可以先放眼远望，看清远处景物的轮廓和形态，然后，由远及近，一个层次一个层次地看清楚。远近处景物的布局、形态以致一些细节都要有重点地观察。观察时目的一定要明确，重点要突出，观察活动要按一定顺序有步骤地进行，在表达时，就可以既有远处的景物做宏大开阔的背景，又有近处的景物做细致的描绘。

在观察景物时还要注意观察方位的转换。观察者回一回头，转一转身，眼前的景物就会随之发生变化，观察者的视野也会不同。根据习惯，可以按东、西、南、北的顺序进行观察。

另外，观察时比较关键的是能抓住景物的特征。能否抓住景物的特征，关键在于作者能否抓住观察对象的独特之处进行细心观察。这就要求在观察过程中，善于抓住变化，比如不同季节、不同地区、不同时间里景物呈现出的颜色、形态、声响、气味等方面的变化，还要善于通过眼、耳、鼻、舌、身等去综合感知。这样才能抓住景物特征，进而加以描写。为此，一要注意不同季节的特征。一年有四季，季节的变化会引起景物的变化。每个季节的景物都有各自的特征。二要注意时间变化的特征。有的景物在不同的时间往往各有特征。三要注意气候的特征。同一景物在雨中、风中、雾中、雪中所展现的景观是不同的。四要注意不同的地理特征，不同的地域有着各自不同的景物特征。

(二)与阅读教学有机结合，准备素材

《语文课程标准》(2011年版)明确指出"写作教学应抓住取材、立意、构思、起草、加工等环节，指导学生在写作实践中学会写作"，强调"要重视写

作教学与阅读教学、口语交际教学之间的联系"。① 如何抓住写作过程中的关键环节，如何与阅读、口语交际教学相联系，提高写作教学的有效性，这是每个语文教师一直在探索的问题。在这里，我们仅围绕取材这一环节做较为深入的讨论。

案例指引三：礼物②

下面呈现的是一位教师的教学设计。关于"礼物"的习作教学，一共是两课时，第一课时是习作指导，第二课时是习作讲评。

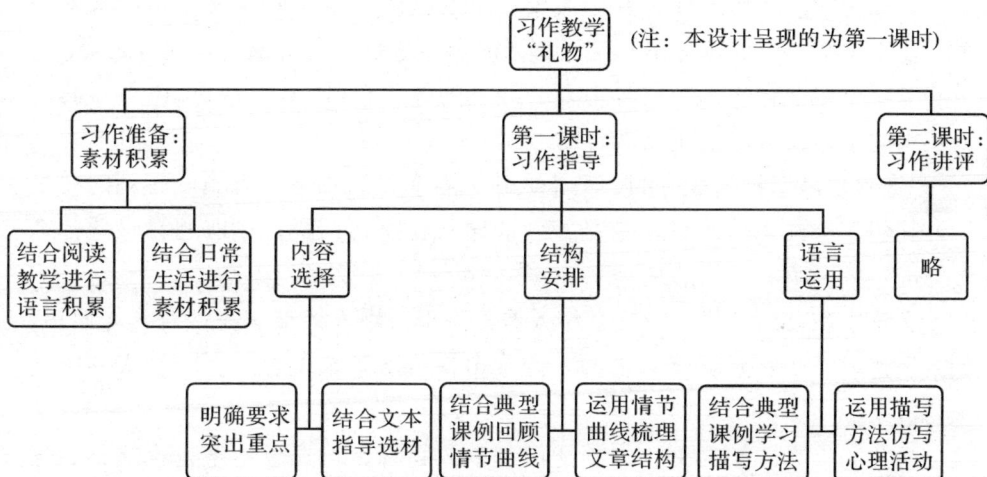

知道它的长处

我们可以看出，在引导学生准备习作素材的过程中，该教师整体把握教材，有通盘考虑，将写作教学与阅读教学、课外活动等有机结合。"礼物"这篇习作出现在北师大版义务教育语文教科书五年级上册第九单元的"笔下生花"中。第九单元以"礼物"为主题，编排了两篇主体课文《献你一束花》《微笑》，三篇拓展课文《礼物》《奇怪的圣诞包裹》《千里送鹅毛》。

因此教师的教学策略一是课前积累，建立"礼物素材库"。在第九单元学习之初，教师就组织学生建立自己的礼物素材库。一边学习课文的选材，一边从生活中积累自己的素材。等到一个单元学习结束，他们素材库中的内容

---

① 中华人民共和国教育部制定. 义务教育语文课程标准(2011年版)，北京：北京师范大学出版社，2012：24

② 本案例来自北京市海淀区实验小学陈艳颖

就很充实了。在课前教师还组织进行一次语文综合活动：设计别出心裁的礼物，在节日或者特殊的日子里赠送给你想赠送的人。

第二个教学策略是课上指导，筛选礼物素材。这里的课上指导是指教师关注阅读课上的指导，教师有意识地结合文本，指导学生选材。课文是学生学习选材的好例子，在阅读教学的过程中，教师有意引导学生品味每篇课文选材的独特之处，帮助学生筛选"礼物素材"。教师引导学生认识到，礼物可以是有形的(自行车、泥土等)，也可以是无形的(微笑)；可以是普通的，也可以是独特的。礼物是什么并不重要，重要的是礼物背后蕴含的那动人的情感。让学生知道，要选择出真实、感人的习作素材，就要找到其独特之处。

关于写作素材的选择，夏丏尊、叶圣陶先生在《国文百八课》中早就有深入浅出的阐述，可以给我们以启发。

"记叙是以事物为题材的，一个人每天看到的就很多，听到或想到的更是不计其数，这许多事物是否都是记叙的题材？换句话说，选取题材该凭什么做标准？

文章本和言语一样，写文章给人看，等于对别人谈话。我们对别人谈话，如果老是说一些对方早已知道的东西或事情，那就毫无意义，听的人一定会厌倦起来……

平凡的人人皆知的事物，不能做记叙的题材，实际上，作者也绝不会毫无意义地把任何平凡的事物来写成文章的。作者有兴致写某种事物，必然因为那事物值得写给大家看，能使读者感到新奇的意味的缘故。

事物的新奇的意味，可分两方面来说。一是事物本身的不平凡，如远地的景物、风俗，奇巧的制作，国家的大事故，英雄、名人的事迹，等等，这些当然值得写。一是事物本身是平凡的，但是作者对于这平凡的事物却发现了一种新的意味，这也值得写。从来记叙文的题材不外这两种。其实，除应用文以外，一切文章的题材也就是这两种。

本身不平凡的事物，实际不常有，普通人在一生中未必常能碰到。我们日常所经验的无非平凡的事物而已。可是平凡的事物含有无限的方面或内容，如果能好好观察，细细体会，随时可以发掘到新的意味，这新的意味就是文章的题材……

新的意味是记叙文的题材的生命。事物的新的意味，要观察、体会才能发现。所以，观察、体会的修炼，是作记叙文的基本功夫。"①

（三）打开思路，选择更为恰当的素材

在作文过程中，学生遇到的问题大约有两类：一是不知道说什么；一是不知道怎样说更好。对于无话可说的学生，教师要引导他们想开去，找到与习作话题相关的内容；对于想把话说得更好的学生，教师则要引导他们学会判断，选择更为恰当的材料。

案例指引四：童年趣事②

师：看来同学们的选材还是非常广泛的，各种各样的趣，但是趣也有趣的不同。我们先来看前两个，你们能不能用一个字来概括它是什么趣啊？

生：乐趣（齐声说）。

师：那三个呢？傻趣是吧，我们可以根据他的事知道是傻趣。最后这两个呢？想一想，有难度了吧。你们看，他说，"钱是不能种的、雨水很脏不能喝"。他主要是写我们童年时的一种探索、发现，然后我们又从中获得了知识，很有意义。它是什么趣？

师、生：童趣或者是意趣。

师：同学们，在你们的文章中有的写乐趣，有的写傻趣，还有的写意趣。看来同学们的选材还是很广泛的，思路也比较开阔。

知道它的长处

从上面这个教学片段可以看出，教师对 7 个学生的选材，进行了分析归纳。

前两个学生的选材一个是给睡着的爸爸画眼镜，另一个是门口雨后的水坑。学生1"趁着爸爸睡觉然后给我爸爸画眼镜的事。我感觉我和我爸爸平时相处的很好，自然趣事也就会很多。"学生2"我写的是荡漾而去的童年，也就是以前下雨过后，完了我觉得门口的那些坑坑洼洼的水坑特别好玩，完了就想起了可以折些小纸船什么的，完了可以在水里让小纸船飘起来。"于是教师引导学生将之概括为"乐趣"。

中间三个学生的选材涉及"给妈妈礼物上的错别字""买东西遇到小狗，很

---

① 夏丏尊、叶圣陶．国文百八课，北京：生活·读书·新知三联书店，2008：110～111
② 本案例由北京市芳草地国际学校富力分校刘小磊老师执教

害怕""买沙拉酱却买成奶油"。学生3"《那时天真的我》，我写的是给我妈妈做礼物，上面应该写我爱你，当时我也不是特别识字，就写成了我矮您。"学生4"我写的是《天真、童年、傻事》，这个事情是在去年发生的，当时就是我和我姐姐去小卖部买吃的，结果遇到了一条狗，我们都很害怕。"学生5"我写的是《甜滋滋的沙拉酱》，我帮小姨买沙拉酱，结果碰到了一只狗，就把沙拉酱买成了奶油。"这三件事所体现的趣，教师将其概括为"傻趣"。

学生6："我写的是我把捡到的五元钱种到了地上。"学生7"我写的是《水中的童趣》，那时，妈妈教育我要节约用水，所以呢，就拿一个盆去接天上的水。我写的句子是'在雨过天晴的第二天，我打开房门，阳光就光芒四射的照向我，我看到那盆满满的雨水很脏'。"对这两个学生的选材，教师引导同学们从童年时的一种探索的角度来分析，从中获得了知识，很有意义，因此命名为意趣。

在这个教学环节，先不说"乐趣""傻趣""意趣"的命名是否有待进一步推敲，我们认为在面对学生材料选择的多样性时，教师能够引导学生从纷繁的内容中进行初步概括，进行归纳整理，使学生有一个类的概念。这种类的概念，好似一个大的通道，每一个通道中又有多种材料的选择。这样做，第一，可以使学生意识到关于"童趣"可以从多个方面来体现，无论是言"乐"，还是说"傻"，都是一种童年生活的美好回忆，都是令人难忘的童趣；第二，可以使学生知道，即使是表达同一类童趣，也可以选择不同的事件。这样，学生可以把思路打开，学会在多种情境中进行筛选比较，进而选择恰当的素材。

二、作文题目的命制

写作应该是一个心有所思、情有所感，然后将所思所感付诸文字的过程，但在日常的语文教学过程中，学生的写作实践(除了日记、随笔)大多是根据教师的命题来完成的。教师命题，意在引导学生有序地进行写作练习。这种练习是否能够达到预期的效果，一定程度上取决于命题的质量。可以说，作文命题会影响作者的内容选择、写作方法、语言风格、思想情感等，也会影响其写作动力，是影响写作教学成效的一个关键因素。

那么如何命制出合适的作文题目呢？对于这一点，前人早有精当的论述。叶圣陶在与王伯祥合作发表的《对于小学作文教授之意见》中就明确提出命题应"以学生为本位""小学作文之教授，当以顺应自然之趋势而适合学生之地位为主旨"。① 因此在写作命题的过程中，要根据学生的认知发展特点和道德情感发展水平以及写作教学的实际安排，统筹规划，命制出学生爱写、有助于学生写作能力发展的作文题目。

(一)题目应让学生易于动笔、乐于表达

随着年级的升高，学生写的作文越来越多。检点一下，自己曾经写过的作文，有几篇在心里留下了深刻的印象？为什么？先别忙着说原因，还是先回头看看自己写过什么。差不多每个受过中小学教育的人，在上学期间都曾写过"我的父母""记一件难忘的事"等作文，设身处地地想一想，小学生面对这样的题目时，能写出什么呢？

我们知道，朱自清的《背影》是写父母的经典篇章，要谈五四以来的散文，就不能不提到朱自清；而要谈朱自清，又不能不提到《背影》。浦江清先生赞他的散文为"白话美术文的模范"。朱自清的《背影》是何时写成的呢？1925 年。此时刚到北京清华大学任教的朱自清先生，接到一封父亲从南方寄来的家书。因与"父亲的龃龉与不欢"而"不相见已二年有余了"的朱自清，读到父亲信中所写"我身体平安，惟膀子疼痛厉害，举箸提笔，诸多不便，大约大去之期不远矣"，不禁悲从中来，泪如泉涌，想到父亲对待自己的种种好处，又回忆起了这段往事，便写了《背影》这篇回忆性散文。《背影》所忆之事发生在 1917 年的冬天。那时朱自清还在上大学，所回忆的父亲的背影来自浦口车站的父子分别。1917 年发生，1925 年写成，诸多因素成就了这篇名文。中小学的孩子从中能学到很多东西，但一般来说，是写不出来的。同样，鲁迅先生能从一件小事榨出皮袍下的"小"来，也非十来岁的孩子之所能。要完成作业，那也只能闭门造车了。

我们该让孩子写什么？他们喜欢写什么？十多年前高钢的一篇文章对当时的人们触动很大——《我所看到的美国小学教育》②，在文中，作者反映了他儿子在学校的一些生活侧面，比如作业。"老师说美国是移民国家，让每个同学写一篇介绍自己祖先生活的国度的文章。要求概括这个国家的历史、地理、文化，分析它与美国的不同，说明自己的看法"。他儿子便写了"中国的昨天

① 叶圣陶.怎样写作.北京：中华书局，2009：147，151
② 高钢.我所看到的美国小学教育.三月风，1995(12)

和今天";还写了"我怎么看人类文化",老师在批语中表明了布置此次作业的初衷,"让孩子开阔眼界,活跃思维",孩子从查阅工具书,到写,到设计封面,列出一本本参考书,那种投入令人羡慕;在六年级快结束的时候,又写了一串关于"第二次世界大战"的作业。"你认为谁对这次战争负有责任?""你认为纳粹德国失败的原因是什么?""如果你是杜鲁门总统的高级顾问,你将对美国投放原子弹持什么意见?""你是否认为当时只有投放原子弹一个办法去结束战争?""你认为今天避免战争的最好办法是什么?"这不仅仅是让孩子写一篇篇的文章,更是在写的过程中,向孩子传输一种人道主义价值观,引导孩子去关注人类的命运。在孩子看书查资料、思考、写作的过程中,其实是学会了怎样思考问题,学会了面对陌生领域寻找答案的方法。

在《语文课程标准》关于写作的教学建议中有这样的表述:"应引导学生关注现实,热爱生活,表达真情实感。""要求学生说真话、实话、心里话,不说假话、空话、套话。"这怎么做到呢?首要的一点,就是给小学生的作文一个恰当的定位,在孩子初学写作的阶段,应重在激发学生的写作兴趣,在写作过程中激励学生,使其在逐步成长的过程中,获得写作的"成就感"。给学生布置的写作任务,要让学生有感而发。是他们想写、愿意写的,在完成写作任务的过程中,学生能够调动相关生活体验,或通过查阅文献、完成活动等获得相关素材,而不是坐在书桌前闭门造车。

在写作教学过程中,教师应该帮助学生把写作文的过程变成自己认识世界、认识自我、创造性表述的过程。写作教学应该贴近学生实际,让学生易于动笔、乐于表达,应引导学生关注现实,热爱生活,表达真情实感。

(二)统筹规划、整体设计

在命制作文题目的时候,教师的心中一定要有一个总体把握。要根据特定学段的写作教学目标,来安排一个学期的写作任务。要明晰学期任务与学年任务、学段任务间的内在关联,构建出一个合理有序的写作训练体系。

在上海,有这样一个课题组,他们研究的"小学实用性作文训练体系"能够给我们以启发①。所谓"实用性作文"不是一个文体命题,而是一个价值性命题,是以"有用"为切入点。研究者所追求的就是:使作文表现的对象具有真

---

① 徐家良,徐鸽,顾维萍.生活中的作文.上海:上海教育出版社,2005:9~12

实原态性；使作文不仅具有教学价值，而且具有生活价值。

在写作内容方面，他们构建了纵横联系的网状框架，将单次训练与组合训练交织在一起。关于纵横联系的网状框架，从纵向来说，以年级为经线，学生的写作选材由个人生活、家庭生活向班级生活、学校生活、社会生活逐步扩大，语言表达功能由自我表达、交际表达向叙事、论证合理延伸。描述的事物从简单到复杂，表达的要求从表层到深层。例如，一年级，关于"我"的题目占绝大多数，有"说说我的爱好""表表我的心愿"等。五年级则有"班级纪念册""推荐好书""编公益广告"等。就横向而言，在以学期、年级为相对同一的时段内，要考虑生活内容的多样性和表达方式的多元性。

关于单次训练与组合训练的关系，组合训练在设计编制中占绝大多数。传统的作文命题都是一题一作，单次训练。而该课题组根据生活的需要，对每项训练的容量恰当安排，或一题一作，或一题多作，组合训练。例如，"邀请朋友来做客"，就设计了三次连续性训练：第一次是写"请帖"；第二次是写活动计划；第三次是记叙朋友来做客的经过和感受。这样的组合训练，好处不少。首先，训练内容是实际生活中言语表达的各种样式，它使学生体会到言语表达可以通过哪些方式为生活服务。其次，在组合训练中，学生将会逐步懂得各种表达方法，有助于培养学生的文体意识、读者意识。

(三)鼓励学生写想象中的事物

想象是在头脑中对已有表象进行加工改造，创造新形象的心理过程[①]。想象的基本材料是表象，但想象的表象与记忆的表象是不同的，记忆表象基本上是过去感知过的事物形象的重现，而想象表象是新形象的创造。人能想象出从未感知过的或实际上不存在的事物的形象。根据想象时是否有目的和意图，可以把想象分为有意想象和无意想象。根据想象的独立性、新颖性和创造性的程度不同，又可以把想象分为再造想象和创造想象。再造想象是根据言语的描述或图样的示意，在人脑中形成相应的新形象的过程。创造想象是不依据现成的描述而独立地创造新形象的过程。创造想象过程中的形象不仅是新颖的，而且是首创的。

在写作教学过程中，教师常常让学生写想象作文。常见的是教师给出题

---

① 林传鼎，陈舒永，张厚粲．心理学词典．南昌：江西科学技术出版社，1986：438

目或情境，让学生写。例如，动物王国要开运动会了，小猴、小鹿比赛，会发生什么事情呢？请根据想象，写一篇作文。这样的想象作文的写作过程既有创造想象又有再造想象。学生日常生活经验、既有阅读经验都会发挥作用，当然，其中也有学生的创造性思维。《语文课程标准》鼓励学生写想象中的事物，命题思路是不是只有上面一种呢？

记得在 1991 年出版的教科书《牛津英语教程》里，有一个单元，单元的名字叫《在岛上》[①]。该单元以一份贺词开始："海岛生存演习，你和你的伙伴组成一个小组。你们将在一个很不习惯的海岛上生活一个月。你们要经历冒险，要显示出自己的机智、勇敢、决断与合作精神。最后还要把你们所经历的事情写出来。"共有五个专题，涉及地点、伙伴、装备、在岛上的生活、存在的问题。

在地点的选择方面，材料提供了 3 个岛屿的 6 幅图画和一些文字资料，要求学生仔细阅读之后，给每个岛列出两张表格，分别说明其优点和不足。然后，决定自己在哪个岛上进行生存演习，并写一个简短的说明书。

《旅行伙伴》提供了 5 张学生的照片，分别介绍了每个人的姓名、年龄、身体状况、性格、特长，要求学生读后写出每个人的优点和缺点，挑选两个人和自己一组，并说明选择的原因。最后，再写一份关于自己的介绍，说明自己的优缺点。

装备这一环节的材料提供了牛奶、糖、水果等食物，洗漱用具、火柴、手电、锅等生活用具，刀、锯、斧等劳动工具，相机、录音机、图书、笔等。要求学生选择 6 种必备物品，并说明原因；选择两种供享用的物品，也说明原因。要求每人准备一个日记本，规定了两篇日记的内容：第一篇写你在动身之前，说明你的伙伴、准备的物品、你对岛屿的了解以及进岛前的感受；第二篇写到达岛屿时的感受、发生的事情。

在岛上的生活，则要求学生看过提供的 7 幅图画后，列出自己面临的问题和必须要做的事情，并排出主次顺序；写出已经做了的事情和已解决了的问题；思考在岛上的第一天，哪些事情做得好，哪些事情做得不好，写在日记本上。

---

① John Seely. *The Oxford English Programme*. The Oxford University Press，1991. 韩雪屏在 "《牛津英语教程》内容体例及单元举隅"一文中亦有介绍

关于"问题"这一内容，材料提供了5幅在岛上生活可能面临的问题，如架屋开窗、取火烧水、种植等。要求学生：为每幅图画写出角色对话；写出每幅图画所揭示的问题和解决方法；在日记上记下针对别人的谈话及自己的看法和感受。

可以看出，在这个虚拟的情境中，这一系列的活动充分发挥了学生的思考力和想象力，学生独立生活的意识及与他人合作的精神也得到了培养，更重要的是，它有趣、有意地锻炼了学生的多种写作能力，写说明、定计划、写日记、写角色对话等。总之，即使是写想象中的事物，也可以兼顾多个方面。

三、注重能力生成的写作教学策略

(一)创设情境，调动已有生活经验

在作文课上，常常见到这样的情形：教师把题目写在黑板上，学生们坐在桌前苦思冥想。在冥想的过程中，时常会有些"编造"，孩子说不编就不知道写什么。作文课该怎么上？怎么引导孩子有话想说、有话可说？要回答这个问题，先要弄明白我们所面对的对象的特点，小学的孩子，他们思维发展和语言发展的特点如何？

作为小学生，他们进入学校，已经开始了正规的、有系统的学习，学习逐步成了他们的主导活动。我们知道，思维是智力与能力的核心成分。小学生思维的基本特点是：从以具体形象思维为主要形式逐步过渡到以抽象逻辑思维为主要形式，但这种抽象逻辑思维在很大程度上，仍然直接与感性经验相联系，仍然具有很大成分的具体形象性[①]。对低年级的学生来说，他们所掌握的概念大部分是具体的，是可以直接感知的，他们的思维活动，在很大程度上，还与面前的具体事物或其生动的表象联系着。因此，在教学过程中，让学生通过活动来获得理解和体验，会有比较好的效果。在对学生进行思维和语言训练的时候，在作文课上，把实践适当引进教学过程，"做、说、写结合"，可能不失为一个好方法。

---

① 林崇德. 学习与发展. 北京：北京师范大学出版社，2000：197～200

案例指引五：写"空气"①

师：现在，我们要练习写一个片段——题目是"空气"。

生：（面露难色，面面相觑）

师：是不是感到了困难？空气看不见，摸不着，怎么写呀？

生：（频频点头，但苦于无从下手，有些着急）

师：你能用别的事物描写空气吗？

生：（柳暗花明）（跃跃欲试，纷纷举起手要回答）

师：别急，你们先自己想一想，给家长演一演，一会儿请同学上来表演，你要让我们知道空气在哪儿呢？

生：（和家长一起思考、表演，非常投入）

师：谁愿意通过你的表演让同学发现空气藏在哪里？其他同学认真观察，一会儿选一个写下来。

学生代表8人到台前依次表演。

生1：鼓起两腮（空气藏在嘴里），用手使劲一拍，"噗"的一声，两腮恢复正常。

生2：左手拿着一个小塑料袋，打开袋口使劲一兜，然后赶紧用手攥紧袋口，小塑料袋已胀得鼓鼓的了。

生3：手拿一张小纸条，鼓起劲儿来使劲一吹，小纸条立即抖动起来。

……

师：刚才同学们都找到了身边的空气，别的地方呢？你找得到吗？

生1：空气在蓝蓝的天空里。

生2：绿油油的、茂盛的树叶上有空气。

生3：海里游动的鱼儿吐出的水泡是空气。

……

师：如果现在你再来写空气，能写了吗？别急，先回忆一下刚才你怎么做的，观察到了什么？再认真地写下来。

生：（认真写作）

师：你愿意把你的写作和我们一起交流吗？

（现场指导，师生、生生之间交流）

---

① 雷玲．听名师讲课．南宁：广西教育出版社，2004：117～119

师：回顾刚才的学习过程，你们知道我们今天学习的写作方法是什么吗？

生：原来这就是"以动写静，以此写彼"呀！

知道它的长处

空气看不见、摸不着，写着难，"以动写静、以此写彼"的写作方法，教起来更难。在赵景瑞教师执教的这堂课里，通过难写的"空气"，教给学生抽象的写作方法，是难还是不难？

这要看课是怎样上的。如果从概念入手，分析什么是动、静，此、彼，非得把学生绕晕不可。正如前面所说，小学生的思维特点主要是具体形象思维，他们所掌握的概念大部分是具体的，是可以直接感知的，他们的思维活动，更多的是与具体的事物或生动的表象相联系的。因此，赵老师并未出示概念，而是组织了一系列活动：通过学生的表演来表现空气藏在哪里。在我们的日常生活中，空气无处不在、无时不有，但人们却常常意识不到它的存在。赵老师没有让学生绞尽脑汁地来描写空气，对于这一点，学生确实也无能为力，而是给学生创设了一个情境，让学生想一想"用别的事物描写空气"，并表演出来。当空气藏在孩子鼓起的嘴巴里，兜在胀鼓鼓的塑料袋里……孩子们就已经体会到了可以通过这些具体、生动的形象，来表现那"看不见、摸不着"的空气了。那么，这节课的教学任务——写作方法的学习就水到渠成地完成了。

正如《知觉现象学》中的一段话："一切科学规定都是抽象的，是只有符号意义的、附属的，就像地理学对风景的关系那样，我们首先是在风景里知道什么是一座森林、一所牧场、一条河流的。"[①]在我们认识世界的过程中，抽象的概念并不是源头，就像我们在用地理学中的森林、牧场、河流等概念来规定它们之前，我们已经在风景里知道了它们。它们在风景里向我们呈现，这就是事情本身。

案例指引六：走进童话的世界[②]

师：你们都读过什么童话书呢？

生1：我读过《安徒生童话》。

生2：我读过《格林童话》。

---

① ［法］莫里斯·梅洛－庞蒂. 知觉现象学. 北京：商务印书馆，2001：3

② 本案例来自北京市丰台区实验小学王雪艳老师

生 3：我读过《风雪婆婆》。

生 4：我读过《伊索寓言》。

生 5：我读过《女孩儿故事》。

师：看来同学们读过很多童话，这都是我们耳熟能详非常熟悉的。那你们想过没有，你们为什么喜欢读童话呢？

生 6：因为童话里有很多让我们想象的内容。

师：也就是说它想象力很丰富是吗？（板书"想象丰富"）还有吗？

生 7：它也告诉了我们一些道理。

师：真好，它告诉了我们道理。（板书"讲道理"）还有吗？

生 8：我特别喜欢画画也喜欢读书，童话书里有画和故事，我越看越想读。

师：对，图文并茂。（板书"图文并茂"）还有吗？

生 9：我觉得童话故事书里的图画生动、特别有趣，有的看了让我哈哈大笑。

师：是的，特别有趣。（板书"有趣"）

生 10：因为童话书里流露了很多情感。

师：真好，有一些美好的情感。（板书"有情感"）。总结一下同学们所说的。因为童话发挥了丰富的想象力，让那些本来不会说话、不会行走、不能思考的动物、植物、寻常的物啊，能够开口说话、行走、并有了喜怒哀乐，赋予了它们人的生命，所以我们大家觉得它生动有趣。还有同学说它讲了道理，让我们明白了做人的道理，我们之所以喜欢看童话书是因为它图文并茂，非常生动。既然大家这么喜欢童话书，干脆我们试试自己创编自己的一本童话书怎么样？有兴趣吗？

生（齐声）：有！

师：好，我们先来看封面。拿出笔来。先在作者和绘画两栏中写上自己的名字。一定要认真写啊，写名字的同时意味着你要做这本书的文字创作工作和美术创作工作，任务很艰巨啊！我看到很多同学写的时候特别慎重。写完以后，把笔放下。接下来我们要静下心来好好想想了，我想编一个什么样的故事呢？这个故事里的主人公是谁？除了主人公还有谁？他们之间发生了什么事呢？他们是怎么说的，又是怎么做的？你可以按照老师的提示安静地想一想。也可以和同桌交流，互相提示一下。

知道它的长处

上面的案例是一节三年级的作文课。对于刚刚升入三年级的学生来说，《语文课程标准》的学段目标规定要让学生"乐于书面表达，增强习作的自信心。愿意与他人分享习作的快乐。观察周围世界，能不拘形式地写下自己的见闻、感受和想象，注意把自己觉得新奇有趣或印象最深、最受感动的内容写清楚"。[①] 如何实现这些目标？创设情境、调动学生的已有经验是重要的一环。

如何让学生乐于进行书面表达？仅凭苦口婆心的劝导是不行的，这需要教师精心设计、创设情境，让学生喜欢动笔、并有话可说。在这节课里，教师从学生都喜欢读的童话书入手，领着学生创编一本自己的童话书，从让学生在作者和绘画两栏中写下自己的名字开始，这用文字表达自己的感受和想象的探索之旅就开始了。学生兴致勃勃地想、写、画，教学要求中的乐于进行书面表达也就落到实处了。

要创编童话书，就要明晰童话书的特点。如何引导学生了解？若从概念入手，条分缕析地分析几方面特点，对于三年级的学生是不合适的。这位教师从询问学生读过的童话书入手，从问大家为什么喜欢童话书入手，学生七嘴八舌从它想象丰富、讲道理、有情感、有趣、图文并茂几方面回答了喜欢的理由。也就把童话书的主要特点揭示出来了。在此基础上，教师引导学生思考"我想编一个什么样的故事呢？这个故事里的主人公是谁？除了主人公还有谁？他们之间发生了什么事呢？他们是怎么说的，又是怎么做的？"这其实是一个构思的过程。学生知道了童话书在想象、道理、情感等方面的特点后，在教师的提示下，具体构思自己想讲的童话故事，就不会出现面对习作任务不知所措的情况。

（二）教给方法

案例指引七：校园里的花[②]

师：这些花都很美，同学们很喜欢，刚才有同学讲最喜欢美人蕉。你们看，（出示美人蕉的花和叶）这是美人蕉的花，这是美人蕉的叶子。你为什么

① 中华人民共和国教育部制定．义务教育语文课程标准（2011年版），北京师范大学出版社，2012：11

② 李吉林．小学语文情境教学．北京：人民教育出版社，2004：228

喜欢美人蕉呢？……你觉得美人蕉为什么好看？

生：美人蕉的颜色好看。

生：美人蕉的名字好听。

生：美人蕉的形状漂亮。

生：美人蕉的色彩鲜艳。

生：美人蕉的花瓣又红又大。

师：美人蕉怎么美？有点像什么？

生：我觉得美人蕉的花瓣儿像小姑娘头上的蝴蝶结。

生：我觉得美人蕉的花儿像红绸子做成的。

生：美人蕉像害羞的小姑娘涨红了脸蛋，不好意思地低下头。

生：如果把美人蕉的叶子去掉，美人蕉就像个小巧玲珑的火把。

生：他说错了，火把不用"小巧玲珑"，可以说像一把燃烧的火把。

师：像"一把"燃烧的火把，好吗？

生：应该是"一支"燃烧的火把。

师：你们觉得美人蕉还有什么美呀？就光花儿美吗？

生：我觉得早上它的叶子很美，一颗颗露珠像闪闪发光的珍珠。

师：现在小朋友说说看，美人蕉长得那么高，花儿在上面，叶子在下面，你们观察的时候从哪儿看到哪儿？

生：我是从上看到下。

师：（板书：上——下）对的，是从上到下。现在同学们按照这个顺序说说看，美人蕉怎么美呢？（要求连贯地说一段话）

生：我站在美人蕉前，美人蕉像小姑娘头上的蝴蝶结……（思考）一阵阵微风吹来，美人蕉摇摆了几下，好像正在对着我微笑。

生："一阵阵微风吹来"我给他改成"一阵阵秋风吹来"。

生：我站在美人蕉下，远看——

师：站在美人蕉下，就不是"远看"。

生：（纠正，继续）我很喜欢美人蕉，远看它像害羞的小姑娘，脸涨得通红，它的叶子像绿色的碧玉盘托起了它。

生：我接下去说，这样讲它就更美丽了：清晨，美人蕉叶子上一串串透明的露珠，闪闪发光，好像是给这个小姑娘带上了一串串项链。

师：应该说叶子上滚动着"一颗颗"露珠，不能说"一串串"。

知道它的长处

李吉林老师的这节课，对学生的指导亲切自然，润物无声。其中包含着对表达的指导、对观察的指导。在学生的口头表达过程中，我们看到学生的表达分为两个层次：在第一个层次，学生笼统地夸赞美人蕉颜色好看、名字好听、形状漂亮，这只是小学生的主观判定，颜色好在哪里？形状胜在何处？不得而知。这时，教师出现了，她不是概念化地要求学生说具体、说生动，而是引导着学生想象，"有点儿像什么?"孩子们的思路打开了，联系每个人既有的生活经验，孩子们"看"出了美人蕉的形状像"蝴蝶结"，质地像"红绸子"，给人的感觉像一位"害羞的"小姑娘……以及后来关于"颗"与"串"的辨析。学生的表达又上了一层，生动、具体、有感受、有体验。

在指导学生写作的时候，要引导学生注意所描写对象的颜色、形状、声音、味道等，要考虑自己的动作、神态以及心里的感受。尽量动用自己身体的各个器官，写出眼睛看到的颜色、形状、动作、神态，耳朵听到的声音，鼻子闻到的气味，舌头尝到的味道，身体感受到的质地、冷暖等。这样的文章才有可读性，才有吸引力。

教师还指导学生明确观察的顺序，让学生从自己观察的角度，按一定的顺序来连贯地表达。从方位的角度，告诉学生"站在下方"与"远看"的关系。因为学生要清楚地表达自己的所见、所闻，就要按照观察的顺序有先有后、一层一层地说，哪一层意思先说，哪一层意思后说，无论是由上到下，还是由近及远，都要有一个精心的安排。这样才能层次清晰，言之有序。当然了，不同的内容可以按照不同的顺序表达，如可以按事情发展的先后顺序，也可以按地点或场所的变化，还可以按照逻辑思维的顺序等。

(三)以生活为纽带，建立口语表达和书面表达的联系

人们一般通过两种途径获取思维材料：一是间接从前人或他人那里获取材料，再转化为写作的思维材料；二是直接投入生活，积累生活经验、生活表象，形成自己的思维材料[①]。对小学生而言，这两种途径同样重要，但是，由于小学生间接获得的素材不够充分，所以，直接获得就显得尤其重要。人们常说作文源于生活，没有生活，就没有作文。所以，在作文教学过程中，

---

① 徐家良，徐鹄，顾维萍．生活中的作文．上海：上海教育出版社，2005：16~17

要创造条件调动学生已有的生活经验。

教师要把学生引向真实的生活，让他们用自己的眼睛观察，用自己的头脑思考，通过亲身经历和直接经验，丰富对世界的体验。所以教师平时可多举行一些活动，让他们接触社会，接触自然，尽可能丰富学生的生活。在课堂教学过程中，也可以创造条件，设计与写作任务有内在关联的活动，使学生在活动中"以身体之，以心验之"，从而产生体验。[①]

案例指引八：《砀山梨》[②]

师：今天老师特意给同学们带来了砀山梨，要想知道梨子的滋味就要亲口尝一尝。

师：（端出削成块并插上牙签的梨子，分发到每组）大家要仔细品一品，把自己吃梨后的感觉说出来。

生1：我觉得凉丝丝的。

生2：我只吃了一小块，嘴边就流出了比蜜还要甜的梨汁。

师："只"吃了一小块……要吃一大块，甜的感受会更深。

生3：又甜又凉，吃过觉得特别爽。

生4：（有点怯生生地）我觉得有一些小沙粒。

师（笑）：难怪你吃的时候板着脸。（原来该生分到靠果核的一块梨肉）

生5：我吃过以后，觉得有一点点酸。

师：（装作不解）吃出有酸味的同学请举手。

生6：（好像稍有不安）我吃过以后，感觉就是有点酸，微微的酸。

师：多少个吃梨的人，就会有多少种不同的感觉。因为水果中都含有少量果酸，所以吃起来会有点酸味。砀山梨太甜了，人们就忽略了梨的酸味。你俩尝得细，说的是实话，是你们的独特感受。（掌声）……

知道它的长处

在这节课上，老师并没有直接讲授该如何介绍对象，没有直接告诉学生该从哪几个方面介绍和应该如何描写，而是以活动、体验等课堂教学方式，引导学生对所描写的事物有鲜活的感受，进而一步步达成教学目标。课上品尝梨子的环节，活跃了课堂氛围，激发了学生参与的内在动机，引导学生调

[①] 陶本一．谈谈作文教学中的两个问题．课程·教材·教法，2005(1)：44

[②] 王志敏．"生活化"——真情习作的源头活水——习作课《砀山梨》教学实录．小学语文教学，2005(6)

动多种感官来加深对特定对象的理解。

品尝、说感受、再写出来，教师精心搭建平台，引导学生把吃梨后的感觉说出来，学生从凉、甜、酸、沙等角度说出了不同的感受，逐步将学生的观察引向全面、深入。课堂上，学生不仅调动起了已有的生活经验，还在和老师、同学的交流中不断丰富着这一经验。有了如此多的铺垫，就不愁学生不愿写和没得写了。正如叶圣陶先生所说"写作的根源是发表的欲望，正同说话一样，胸中有所积累，不吐不快"。①

因此，在作文教学过程中，可以适当地将现实生活引进课堂，尤其对小学生来说，教师更要有意识地创设情境，引领他们调动相关生活经验，以各种方式帮助学生丰富自己的情感，让学生在学习活动中有自己的真情实感，进而通过恰当的书面言语把自己的观察、体验与认识表达出来。教师要充分认识到作文与生活的联系，并引导学生去深切地感受生活，捕捉来自生活的灵感，表现来自心灵的感动。

案例指引九：《创意校服》②

师：想不想通过动手动脑，设计一个你们心中喜欢的校服款式？

生：（齐）想。

师：对，今天的课题就是"创意校服"。大家读一下。

生：（齐读板书）"创意校服"。

师：对，自己设计。展开你的想象力，展开你的创造力。今天我们要做前后两轮设计。现在先开始第一轮设计。第一轮设计先不涉及颜色呀，样式呀，总体的款式呀，先不涉及这些。先想一想你这套校服打算在哪些方面体现创意。也就是说你心目中这套校服有什么与众不同的地方？这是第一。第二，我们现在的这套校服就只能穿上，御寒保暖，起一个统一服装的作用。实际上简单地说就是一般服装的功能。是不是呀？

生：（齐）是。

师：所以我让你们创意。第一点，你们这套校服有什么与众不同的地方；第二点，你们将在哪几个方面打破现有服装的一般功能和结构？让它不只是御寒遮体，起标示作用，而且使它具备其他服装所不具备的功能？有意思吗？

---

① 叶圣陶.叶圣陶语文教育论集.北京：教育科学出版社，1998：434

② 叶昂龙.小学作文"自主式"教学设计.宁波：宁波出版社，2003：（36）

生：（齐）有。

知道它的长处

这节课的课堂实录摆在这儿，乍一看，都不敢确认是一节作文课。设计校服，是创意比赛？还是综合实践课？其实，这就是作文课，执教者是特级教师支玉恒。共两个课时。下课时，老师嘱咐学生回去以后自己写出产品介绍书，开个产品展示会。课一开始，老师就让学生设计一款自己喜欢的校服，强调的是想象力与创造力，在随后的课堂教学过程中，师生、生生间交流的也多是关于校服的创意。

关于创造性思维的培养，有各种各样的试验，培养学生的创造力，不是一句口号。关键是依托什么来培养，怎么培养？已有研究发现，小学生思维独创性的发展趋势，"一是在内容上，从对具体形象材料加工发展到语词抽象材料的加工；二是在独立性上，先易后难，先模仿，经过半独立性的过渡，最后发展到独创性"。[①] 在支老师的这两节课上，借助创意校服这件事儿，教师引导学生理解"创意"的内涵以及如何体现，使学生通过自己感兴趣的活动来体会"想象与创造"的奥妙，来品味"创意"。

在这两节作文课上，更多的是"做和说"，把写放到了课后。在一般的作文训练中，"从说到写""说写结合"是常见的做法，这个案例加入"做"这一环节，并以"做"为首，其意在何处？我们知道，语言与思维是紧密联系的，语言是思维的物质外壳，思维是语言的内核。言语表达一般经由"内部言语—口头言语—书面言语"这一过程，又具体可分为"计划阶段"和"执行阶段"。"计划阶段"决定说什么、大致怎么说，一旦输出，就开始了"执行阶段"，产生了外部言语。在"计划阶段"，人们已有信息的多少、优劣，在很大程度上决定着思维和言语成果的质量。对小学生来说，在确定说什么、怎么说的时候，由于阅读量的限制，其间接获得的素材不够充分，所以，从生活中的直接获得就显得尤重要。在学生经历某个事件、参与某一具体活动的时候，也就是在"做"的时候，他的思维活动最活跃，这有助于学生积极形成内部言语。教师再恰当地引导学生把"做""说""写"衔接起来，完成由"内部言语—口头言语—书面言语"这一过程。完成作文也就水到渠成了。

---

① 林崇德．学习与发展．北京：北京师范大学出版社，2000：230

(四)读写结合

刘国正老师认为："读和写的关系是相辅相成的、互相为用的。读是写的基础，写是从读中得来的知识的运用。读和写必须结合起来，语文教学要强调读写结合，多读多写。一方面要重视讲读教学，指导学生读好课文，还要指导学生在课外广泛阅读古今中外名家名著和报刊文章乃至学生的范文；另一方面要把作文教学始终放在重要地位，有目的、有计划地指导学生结合阅读进行写作训练。"①

叶圣陶先生认为，阅读语言文学材料可以实现六个"获得"，即获得间接经验作为写作材料；获得作者的思想、道理形成观点可供思索和立意；获得作者的感情可以陶冶情操；获得认识事物的方法，以便自己会观察、会思考；获得表达方法，布局谋篇、铺陈比兴有所借鉴；获得语汇，有了语言积累。

1. 在课文里寻找读写结合点

叶圣陶先生说过，阅读是吸收的事情，从阅读中咱们可以领略人家的经验，接受人家的心情。写作是发表的事情，从写作中咱们可以显示自己的经验，吐露自己的心情。由此不难看出，阅读和写作虽是两个不同的过程，但又有共通之处：经验与心情。这就为在二者间找到结合点提供了可能。

如果离开阅读教学，单独训练学生的写作能力，写作往往成了无源之水、无本之木。在阅读教学的过程中，选择恰当的时机，对学生进行相应的写作训练，效果会好些。因此，注重读写练习，充分利用教材资源，渗透语文习作实践活动，充分挖掘教材的现实资源，通过加强读写练习的途径，以"读中悟写，以写促读"的形式，减缓习作训练的坡度，可以逐步实现学生"自能习作"的目的，培养学生对习作的良好情感。

案例指引十：自己的花是让别人看的②

①教师出示 PPT。

> ▲投影：
>
> 　走过任何一条街，抬头向上看，家家户户的窗子前都是花团锦簇、姹紫嫣红。许多窗子连接在一起，汇成了一个花的海洋，让我们看的人如入山阴道上，应接不暇。

---

① 刘国正．作文教学漫谈．作文丛刊．1981：2
② 本案例由北京市海淀区群英小学程润提供

②读读"花团锦簇""姹紫嫣红"这两个词语，说说透过这两个词语，你都看到了什么？带着感受再读这两个词。

③请大家试着换两个词语来形容眼前的景象。

④同学们，比较一下我们使用的词语和作者的用词有什么不同？

（师结：花团锦簇，侧重于写花的形态，却不失描绘花朵的艳丽；姹紫嫣红，强调花的色彩，又写出了花朵的娇嫩。作者对于词语的运用是多么用心，多么严谨啊。）

⑤一起看一看这令人惊讶的美丽（PPT课件呈现美丽的景象）。

⑥想象练笔，沉入境界

＊此时此刻，也许你是一位留学生，也许是一位疲惫的游客，也许你就是房东，当然，你还可以有不同的身份，当你看到这样的景色时，又会有怎样的感受？请同学们选择一个角色，用一两句话写一写！

> ▲投影：
>
> 我是一位留学生，流连在这花团锦簇的街头……
>
> 我是一位疲惫的游客，当我看到这姹紫嫣红时……
>
> 我是花的主人，我看到人们都在欣赏这怒放的鲜花……
>
> 我是（　），漫步于花的海洋中……

＊学生汇报，教师相机点拨。

知道它的长处

上面这个案例是《自己的花是让别人看的》这篇课文的教学设计节选。《自己的花是让别人看的》出自人民教育出版社的《义务教育课程标准实验教科书小学语文（五年级下册）》。这是季羡林先生于1985年8月再返德国时在斯图加特写的。

这篇小文400余字，看似平实，却言有尽而意无穷。其意蕴之美主要体现在三个方面：一为景象之美，二为境界之美，三为人性之美，三者相互交织，又相互支撑。其中"人人为我，我为人人"是全文精神之所在，是需要学生深入感受、理解的重点，因此，如何引领学生进入"境界"，感受境界之美，就成了教学的关键。

上面所节选的是第三自然段的教学设计。教师先引领学生品味花团锦簇、姹紫嫣红两个词语，先让学生说说透过这两个词语，你都看到了什么，再请学生试着换两个词语来形容眼前的景象。通过这两个环节，引导学生在初步感知理解的基础上，在词语的替换、比较中，不仅欣赏德国街头的景象之奇、之美，更体悟作者遣词造句的严谨。

在品味词语、欣赏姹紫嫣红的花的海洋之后，紧接着教师设计了"想象练笔"活动，在这个练笔小环节，教师创设了一种情境，让学生变换不同的角色，或是留学生，或是疲惫的游客，或是花的主人，或是其他身份的人。自由选择身份，换位思考，设身处地的想象自己面对这景色时的不同感受。学生的课堂练笔是学生内心活动的外显。下面是学生在课堂上的练笔："我是一位疲惫的游客，当我看到这姹紫嫣红时，我的疲惫瞬间被花的美打消了，我感到心旷神怡、心情舒畅。""我是花的主人，我看到人们都在看这怒放的鲜花，我感到欣慰，因为，我给别人带来了快乐和幸福。""我是花的主人，我看到人们都在看这怒放的鲜花，我感受到一丝舒畅、一丝快乐，当我看到人们的笑脸，我也仿佛走进了人们的心房，一股股暖流在我心中涌起，人人为我，我为人人。"从学生的独白可以看出，学生对"境界之美"有了一定的认识，对"人性之美"也能够有所领悟。

这个环节既有助于学生加深情感体验，深入理解文本，也有助于学生用书面语言表达自己的感受。这不仅有助于文本内容理解的延伸，也有助于学生将自己的已有认知水平和生活体验的整合、输出，很好地建立起了"文本——学生生活——习作训练"之间的联系。正如有学者所言，"对小学生进行作文训练，首先要抓源，把作文训练跟生活结合起来，让学生有话可写；其次要抓流，把作文训练跟阅读结合起来，让学生懂得有话该怎样写。源与流一起抓，才能收到实效"。[①]

除了像案例中那样引导学生联系生活实际表达。在小学语文教材中，也可以挖掘其他形式的读写结合点。如若教师善于利用这部分资源，便可在日常的读写训练过程中，降低作文训练的难度，改变写作训练中存在的"无源之水""无本之木"的现状。具体而言，教师可从如下几方面进行尝试。

(1)联系上下文，补白文本内容

引导学生将课文中某些精炼的文字或略写的内容进行补白，让学生通过联系上下文形式，详尽细致地描写文本内容。抓住课文中那些概括抽象但与中心密切相关的词语，让学生展开想象，通过练笔把它还原成具体可感、触

---

① 林治金．语文教育名家评介．青岛：青岛出版社，2001：278

手可及的鲜明形象，以便让学生从另一个侧面深化对课文的感悟和理解。对于那些比较简短的文章，可指导学生在理解课文基础上对课文的某些部分进行扩写：或给句子加修饰成分，或给人物加外貌和心理活动描写，或扩充情节。扩写不仅能加深学生对课文的理解，更重要的是能培养他们的想象力和思维能力。

(2)联系生活实际或发挥想象，续写或改编文本

语文教学的最终目的都是为了学生的发展。在阅读教学中应注重引导学生联系生活实际或发挥想象，对文本进行艺术的再创造，无疑是对学生语文能力的一种锻炼。以人教版三年级下册《寓言二则》为例，两则寓言以比喻性的故事寄寓意味深长的道理，带给读者启示。其中，想象是一种心理过程，它通过对知觉材料进行新的整合创造出新的形象。这种心理过程包括收集材料、感知材料、筛选材料、重新组合材料、再造新的形象。因此，想象的过程，既是培养思想品德，树立正确的世界观、人生观、价值观的过程，又是思维能力、运用信息能力，尤其是创造能力得到培养和发展的过程。故而，教师可以引导学生续写文本或改编文本，呈现所吸收的内容。

(3)仿照文本形式，进行结构训练

无论是低年级、中年级还是高年级，语文教材中所选择的文本多是文质兼美的文章。对于初学语言表达的小学生来说，一方面要积累语言的素材，另一方面也需要丰富语言的表达形式。例如，北师大版三年级上册《小镇的早晨》一文中，2~4自然段都是按照总分结构分别写出了小镇早晨随着时间推移而呈现出的不同特点。结构清晰，语言优美，根据观察点的变化展现了不同角度的小镇早晨，因而，教师可以此为范例，引导学生进行仿照训练。实践证明，这种训练形式易于学生在作文训练中操作，对学生写作能力的培养有很好的促进作用。

2. 抓住读的契机，渗透写的方法

语文教师每天都在进行阅读教学，阅读教学在语文教学过程中占时最多。阅读教学并不仅仅解决阅读理解的问题，如果能够抓住契机，充分利用教材资源，也可以为学生写作能力的养成提供很好的机会。读写本是一体，作文教学可以渗透到阅读教学之中。教材所编选的文章都是一个个例子。这些例子不仅可供师生发现其中蕴藏的语言文字和思想的魅力，而且也可以为师生提供可供参考的作文范例。叶圣陶先生曾经说过："教阅读教得好，更不必有

什么专门的写作指导。"

案例指引十一：《苹果里的五角星》①

师：我念一段话。这段话选自你学过的课文，考考你，是否记得题目。

（教师一边读，幻灯片一边出示《苹果里的五角星》1～3节，学生一边听，一边举手）

师：是哪篇课文？

生：《苹果里的五角星》。

（下划线出示："大哥哥，我要让你看看里面藏着什么""他把切好的苹果举到我的面前"）

师：请大家齐读这两句话。想，"藏着"换成什么字，句子也通顺？

生1：可以换成"有"。

生2：可以换成"是"。

师：是的。改成"有"或"是"，读起来也通顺，大家试试。

（生齐读）

师：但这叫"通"，而"藏着"，那叫"好"。用"藏着"好在哪里？

（生一时说不到点上）

师：在幼儿园的小孩子眼里，所有东西都是有生命的。用"藏着"，五角星像故意和人玩，符合小男孩的年龄。写句子，就要这样，符合人物身份。再看"举"字，改成什么，句子也通顺？

生1：换成"放"。

生2：改为"拿"。

生3：还可以改成"送"。

师：你们能感受到这些字与"举"之间的差别吗？

生1："举"字能看出小男孩矮，"我"很高。

生2："举"字写出了小男孩想让"我"看苹果里五角星的迫切心情。

师：对，以前我们总以为用别人想不到的词才叫好，其实把普通的字词用在恰当的地方，那才叫真正的好。

---

① 管建刚．我的作文教学主张．福州：福建教育出版社，2010：66

知道它的长处

从语言发展的总体规律来看，阅读是写作的先导，在阅读教学过程中，学生对文章内容的初步感知和重要词句的理解、积累，对文章表达顺序和基本表达方法的了解领悟，对文中形象的感受体验等均对学生写作能力的提高有重要作用。阅读可以为写作提供观点、素材、写作方法和规范性语言等方面的借鉴，读是写的基础，阅读是写作的重要条件，所以阅读能力的形成可以带动写作能力的养成，同时，写作能力的养成又会促进阅读能力的提升。

在这个案例中，教师通过引导学生感悟语言文字的准确，很好地将阅读教学和写作训练融合在一起，让学生在感悟语言文字的妙处之余，学习了如何在习作中遣词造句。的确，生硬的写作知识的讲解只会给学生带来乏味枯燥的感受，而借助鲜活的阅读素材则可将写作知识转化为具体可感的教学内容。重视阅读与写作的有机结合，使学生更好地从"阅读"中学"写作"，有助于其写作水平的不断提高。

（五）通过恰当的评价，促进学生写作能力的发展

对学生进行评价是教育过程的一个重要环节，评价的功能定位应该有助于教育目标的实现。教育的意义在于引导和促进学生的发展与完善，因此，在教育过程中就需要对学生的发展水平作出恰当评价，了解学生能力发展特点，进而才能有针对性地进行教学引导。

1. 师评作文要注重发挥正向激励作用

传统的作文评改方式，多以教师单一的批改分数或评语"一锤定音"。教师所给的分数或评语，在学生写作能力的发展过程中如何发挥最大的效用呢？人本主义理论认为，学习就是学习者获得知识、技能和发展智力，探究自己的情感，学会与教师及集体成员的交往，阐明自己的价值观和态度，实现自己的潜能，达到最佳境界，从而最终达到"自我实现"的目的的过程。这带给我们的启示在于，在小学作文教学中，必须做到以人为本，以学生为中心，充分发挥学生的主体作用。在教学过程中，教师要尊重学生，尊重学生的独特感受，重视其非智力因素的发展。

故而，教师要充分发挥评价的正向激励作用。在作文的批改过程中，教师应切实指出学生作文的优缺点，促使其思考和修改，并在思考、修改的过程中领悟作文的规律和方法。在指出优缺点时，又要讲究方法，要以肯定为

主，善于发现其闪光点，对学生作文中存在的问题和缺点，应作恰如其分的分析，评价要委婉，切不可"一棒子打死"，切忌空洞模糊，言之无物。教师通过作文批语对学生习作的优缺点进行分析，目的在于启发、鼓励学生进一步提高读写能力，调动写作的主动性和积极性。

在写作教学过程中，有助于学生写作能力提高的评价方法多种多样，常见的有延时评价、多次评价、差异评价等。

(1)延时评价

传统的作文评价方法是一次性的，一旦分数定下来，即使修改得再好，也还是那个分数，学生失去了再修改、再写作的动力。因此，我们在教学中，对那些暂时不能得到高分的作文，通常是先指出文中的成功之处，让学生树立信心，再把需要修改的地方告诉学生。这样学生既能看到自己的成绩，也能看到自己的不足，渴望重新修改作文的兴趣会被激发出来。而教师则根据学生修改后的作文再行评价打分。这样，在修改的过程中使学生的写作能力得到提高。

(2)多次评价

一篇作文一个分数，这就把学生每次的习作水平看成了一个不变的"常数"，客观上也就抹杀了他们进步的可能。我们在评价学生的作文时，最好实行一篇多练，每练一次，进步一点，就加一次分。这样将传统的"孤立、静态"的习作行为转变成过程性的动态作文，既给学生机会，又能调动他们的兴趣。

(3)差异评价

学生与学生之间存在着一定的差异，这是必然的。因而用同一个标准来衡量全班学生的作文，表扬、鼓励"后进生"的机会就少了。对这类学生，我们的做法应该是不与他人横向比较，而是与本人做纵向比较，不作优劣判断，而是劣中选优、沙里淘金，只要有进步，就适当提高学生作文的分数。对于实在不好给分数的作文，耐心引导，或教写法，或分散难点，促其提高。

上述几种方法各有特点，但有一点共性，那就是尊重学生的主体地位，以鼓励促发展。

案例指引十二：对话，习作批语的新境界①

贾志敏老师在评价学生的作文《"特殊"的礼物》时，采用了"批语"的方式。我们先看一篇学生的作文。

"特殊"的礼物

我的家在浙江的一个小岛上，平时，我住宿在学校。最近，妈妈给我寄来了一份"特殊"的礼物。它是一封很平常的信，信里夹着一张剪报，剪报的题目是《争虾与让瓜》，旁边还清晰地写着五个字："请认真理解"。

文章讲了两个真实的故事。第一个故事讲述了一位母亲买了十三只对虾，读四年级的儿子吃了十二只，母亲也想尝尝鲜，夹了一只对虾到自己碗里，不料儿子见了，一下子把虾抢回自己碗里，还大声嚷嚷："这是我的！"这使那位母亲十分伤心。第二个故事讲了一位母亲和女儿在摊边吃西瓜，七八岁的小女孩吃完西瓜，还津津有味地啃着瓜皮。母亲见了，就把另一块西瓜递给她，那女孩连忙摆着小手，说："我吃过了，那是留给爸爸的，我不要。"

我想：看故事看过了就好了呗，妈妈为什么还要我认真理解？平时再三叮嘱的话："在学校里听老师的话，好好学习，天天向上。"这些在信中都没有写，偏偏又寄了这剪报来。道理何在？我认为妈妈让我远离家乡，来上海读书的目的，不仅是学好文化知识，更重要的是学会怎样做人。我还认为四年级的小男孩，自私贪婪，他的东西谁也不许动，说明了他是一个不懂关心他人的人。

想到这里，我这才深深觉得这剪报确实是一份"特殊"的礼物。

贾老师给出了如下批语。

有句古话："可怜天下父母心。"孩子，是父母的作品，是父母的希望，是父母生命的延续。因此，希望孩子健康成长，是做父母的唯一心愿。

一封很平常的信，信里夹着一张剪报，剪报上刊登的是一篇《争虾与让瓜》的文章，旁边还清晰地写着五个字："请认真理解"。除此之外再也没有别的什么东西了，连妈妈平时再三叮嘱的话也没有留下只言片语。

小作者没有过多地描述自己的心理活动，只是将故事内容叙述了一下。因为故事本身就有着震撼人心的力量。毋庸讳言，小作者已经"理解"了母亲

---

① 陈金水．对话，习作批语的新境界——特级教师贾志敏习作批语赏析．教学与管理，2004 (17)

的良苦用心。文末的最后一句话便是佐证："我这才深深觉得这剪报确实是一份'特殊'的礼物。""学作文，也是学做人。"教作文的我，读了这篇习作以后，对此更深信无疑了。

知道它的长处

正如案例所呈现的那样，贾老师的作文批语看不见我们耳熟能详的"选材新颖、叙述清晰、结构严谨、中心明确"等这些评价字眼，取而代之的是以读者的身份写出了自己的阅读感受，是以长辈的身份道出了对学生这一客体的尊重、爱护和关怀。好的批语会带给学生更多的学习启示，可以帮助学生不断地提高作文水平。贾老师通过批语，激发着学生的写作兴趣，调动其作文的积极性和主动性，并将如何进行修改的方式、方法暗藏于评语之中，促使学生进一步思考。

这个案例给我们以启示，那就是随着社会的发展，教师要能多角度、全方位地评价学生及其学习成果，要尊重学生的个体差异，以利于每个学生的健康发展。

2. 学生自评互评

《语文课程标准》在"评价建议"中明确指出要"注重评价主体的多元与互动"。[①] 在评价过程中，可以将教师的评价、学生的自我评价及学生之间的相互评价结合起来，加强学生的自我评价和相互评价，促进学生主动学习、自我反思。教师要理解和尊重学生的自我评价与相互评价。

在作文教学过程中，学生不应当仅仅是一个被评的客体，更应是评价的积极参与者。学生可以是评价主体，评价他人的作文，评价自己的作文。由"他评"到"自评"，有助于了解自己的进步，发现存在的问题，及时纠正失误，养成自行修改文章的良好习惯。

让学生参与作文评价时应该注意如下两个方面：一方面，要让学生大体了解并逐步掌握作文评价的标准，如文章的主题、详略、开头、结尾等的一般要求。另一方面，组织学生以小组的形式合作学习，进行自评与互评，互相把闪光点读一读，共享成功的快乐；帮助学生形成征求他人意见，修改自己作文的好习惯，并为每一名学生提供表现、研究、创造的机会。

---

①　中华人民共和国教育部制定. 义务教育语文课程标准(2011 年版). 北京：北京师范大学出版社，2012：(26)

案例指引十三：《北京小吃》作文讲评课①

师：在众多的文章中，我发现你们给予了冰糖葫芦很多关爱，下面我就隆重地向你们推荐一篇。（出示习作）这篇文章的题目就是《北京小吃——冰糖葫芦》，请你们读读这篇文章，边读边想这篇文章中哪儿写得好？可以把你认为好的语句画下来。

师：谁想来夸夸这篇文章，把你认为好的地方说一说。（指名说）

生：我认为"我有很多的兄弟姐妹，它们长的都各有特色。有的像月牙，有的像小纽扣，还有的细长细长的，好像一根高耸的柱子"写得好，因为小作者把冰糖葫芦当作人来写，而且它用一连串的比喻形象地表达出了冰糖葫芦的种类多、形状多，这样一来能够引起别人的联想。

师：打比方有什么好处？（形象、引起别人的联想）平常我们吃的冰糖葫芦品种真是挺多的，那你能通过读这句话让我们感受到它不同的样子吗？（自由读、指名读、齐读）

师：你还认为哪儿写得好？

生：我认为小作者在描写外形时，用了一连串的比喻、拟人，而且写出了冰糖葫芦的颜色。

师："真像一排闪光的灯笼，被串在了竹签上"，可以改成"真像一排灯笼，被串在了竹签上"吗？为什么？

生："闪光"写出了冰糖的光泽，加上后更加恰当了。

师：正是小作者准确的用词，才使得表达更加恰当。（板书：表达恰当）

师：还有你认为好的地方吗？

生：我认为"在路上，他总是用关心的眼光看着我，生怕我会被弄脏"，这句话说出了主人对冰糖葫芦的喜爱。

生：我认为小作者用表情变化写出了冰糖葫芦的味道。

……

（师用投影仪出示另一篇文章）请你们读读这篇文章，读后你有什么感觉？最想说什么呢？（自由读）

生：不生动。

生：不具体。

---

① 本案例由北京市石景山区古城二小郝树萍提供

生：缺少情感。

师：现在你是一个小编辑，你能想出什么办法帮他来改一改呢？小组四人可以商量商量。

生1：我认为"我的身体是白色的，上面有个小红点，里面是豆沙"这个地方还可以再具体一些，比如说："我的身体雪白，皮肤细嫩，脸蛋儿上还有个小红点，我的肚子鼓鼓的，里面全是豆沙。"

生2：我觉得艾窝窝的味道除了甜甜的，还可以是软软的。（师追问：艾窝窝吃到嘴里就是甜甜的吗？还有别的感觉吗？）

生3：我认为"清爽"这个词用的不恰当，可以改成"香甜"。

师：这样一改，文章就变得具体、生动起来了，而且能表达出作者的真实感受。俗话说得好：文章需要改，越改越精彩。在欣赏和修改了别人的文章后，是否给了你一点启发呢，不妨动起笔来改改自己的文章。希望你们正确运用修改符号。（学生自行修改）

师：你们的文章修改得怎么样了，谁能把你重点修改的一处给大家读读？（指名说）

师：同学们，你们觉得他这样改好在哪儿呢？（同学评议）

知道它的长处

由谁来评价学生的作文？这是一个值得考虑的问题。从传统上来说，更多地是由教师一个人评价，用分数或等级加上或多或少的评语。在这个案例中，教师评价和学生自评、互评相结合。教师注意多主体评价，能够从不同角度帮助学生进行有效评价，有助于学生全面认识自我、提高修改作文的能力。其中有教师的语言评价，有同学之间的互相评价，也有自我评价。这种多主体评价，使得评价的过程丰富、有效。

从评价的内容来看，也是丰富多彩的，而且方法得当。教师引导学生关注了词语的准确运用、不同修辞手法的作用。在评价的过程中，通过换词，让学生体味词语的准确、传神；引导学生思考通过表情写味道的精妙；引导学生体会小作者的真实感受。这一切，都不是教师抛给学生一个现成的答案，而是在一读再读文章的过程中，由学生自主生成的。

教师巧妙地设置情境，激发学生有热情地修改作文。学生的角色不断变化，有时作为编辑，修改他人的文章；有时又成为学生，修改自己的文章。在不断的变化中，主要的任务指向未变，学生在教师的引导下，一直都兴致勃勃地在修改作文。教师拿出一篇作文后，也不是教师定调需要修改，而是先由学生进行评价，学生认为它"不生动、不具体，缺少情感"，在此基础上，教师再鼓励学生以小编辑的身份改一改，小组合作进行修改，学生真正成了学习的主体。

教师在课堂上给学生留出一定的时间，让他们读自己的作文，引导学生在欣赏和修改了别人的文章后，动笔修改自己的文章，并引导学生运用修改符号进行自我修改。这一环节让学生有思考的空间，在自我反省中提高写作能力。

恰当的评价，能够通过各个环节来关注学生的发展，促进学生的发展。它考虑学生的过去，重视学生的现在，更着眼于学生的未来。评价引导得法，能促使学生的写作能力得到发展。

第四章

小学口语交际教学的有效实施及策略

- 强调互动
- 创设交际情境
- 把握课堂教学契机
- 多元化评价

《语文课程标准》中明确规定："口语交际能力是现代公民的必备能力。应培养学生倾听、表达和应对的能力，使学生具有文明和谐地进行人际交流的素养。"[①]以《语文课程标准》为标志，语文教师对口语交际能力"是什么"取得了共识，但在培养学生口语交际能力的实践中，应该"教什么、怎么教"这一问题的理解却严重滞后，有研究者对某地中小学语文教师做了这样的调查，问题是："口语交际教学活动主要应在具体的交际情境中进行"，面对这一陈述，选择"没必要"这一选项的小学语文教师占 36.17％，中学语文教师占 39.06％；选择"没仔细思考过"这一选项的小学语文教师占 19.15％，中学语文教师占 20.31％。[②] 这种状况在很大程度上影响了口语交际教学的有效性。

从目前我国小学语文口语交际教学的实际情况来看，学生口语交际能力的培养有待加强。在课堂教学过程中，不少教师只重视字词句段的教学，忽

---

① 中华人民共和国教育部制定. 义务教育语文课程标准(2011 年版). 北京：北京师范大学出版社，2012：24

② 杜玉萍. 口语交际的特性与教学策略. 成都：四川师范大学硕士论文，2006：(7)

视了口语交际能力的培养。从对语文学业质量的检测来看，对学生识字写字能力、阅读能力、习作/写作能力的考查多，而对学生口语交际能力的考查少。种种因素导致了学生口语交际能力培养的低效。

我们知道，具备一定的口语交际能力已经成为每个公民适应现代社会生活最基本的能力要求。作为未来公民，中小学学生应该具有日常口语交际的基本能力，能够学会倾听、表达与交流，初步学会文明地进行人际沟通和社会交往。

一、口语交际教学应遵循的原则

总的来说，口语交际教学的目的可以这样表述：培养学生以自主、合作、探究的精神有效地进行人际交流，具体表现为：能够理解和评价说话者传递的言语信息和非言语信息；能够有准备或即席发表演说，能够有效地参与讨论，能正确地接受、理解、评价和利用媒体信息等。口语交际课程是学生学习社交技巧、沟通方式、成功实现个人的社会化的主要途径[①]。对于学生口语交际能力的培养，教师不能仅仅停留于诸如认真倾听、说话得体、语言流畅等要求上，需要进一步深入指导，如关于"讨论"，教师需要指导学生了解如何确定一个话题是否有讨论的必要，如何分析参与讨论者的立场，如何确定讨论的最终目的，如何组织讨论，步骤是什么等。要达成提高学生口语交际能力的目标，就要在交际情境中培养口语交际能力，强调互动，注重对交际规则的领会。

(一)在口语活动中培养口语交际能力

口语交际是一种动口、动脑的活动。《语文课程标准》在"教学建议"中说：口语交际能力是现代公民的必备能力。应培养学生倾听、表达和应对的能力，使学生具有文明和谐地进行人际交流的素养。可见，学习专门、系统的口语交际知识，不是教学的目的，培养实用的口语交际能力，才是教学的价值追求。而能力的培养，不是靠掌握有关知识、揣摩吸纳他人的交际经验就能完成的，唯一正确的途径只能是脚踏实地的实践活动。"活动"是实现口语交际教学价值的途径，是使口语交际教学具有生命力的手段。

---

① 李明洁．口语交际教学的理论背景和课程取向．语文学习，2004(10)

当然，作为教学活动，与现实生活中的活动并不完全相同，它同时还是一种学习活动，是两种不同性质的活动的融合。教师设计中结合学生生活经历、运用已有知识储备的口语交际活动，使学生在活动中接受口语交际的知识，形成直接体验，养成口语交际的能力。口语交际能力的养成是通过口语活动自行自悟，而不是通过教师的直接传授和灌输获得的。

案例指引一：夸夸咱温州①

师：同学们，眼下，咱们家乡温州正在开展"全国看温州，温州怎么样"的大讨论活动，你们作为温州的主人，对自己的家乡了解多少呢？

生1：我在报纸上经常看到介绍温州的商品经济非常繁荣，特别是咱们家乡的民营企业十分知名。

生2：温州的雁荡山、楠溪江等是国家级旅游景点，每年吸引了无数游客。

生3：温州的服装、皮鞋、打火机等都在全国很有知名度。

生4：我爸还跟我说温州人有商业头脑，哪里有生意人，哪里就有咱们温州人。

……

（学生争着发言，内容涉及温州旅游、吃穿、风俗、人文等方面）

师：看来，同学们对自己家乡的了解还真不少，下面就让我们随着那美妙的乐曲，再次欣赏咱家乡独特的风韵。

（播放温州的旅游、风土人情、小商品等录像）

师：温州的确是座值得我们骄傲的城市，它有许许多多的方面等着我们去赞美，去夸耀，你准备选择哪一个方面去夸夸温州？为什么？

生1：我觉得一个城市的名胜古迹是这个城市的窗口，因为人们来温州，首先选择的是去旅游，去度假，因而我将从温州的名胜古迹来夸夸温州。

生2：我不同意××同学的看法，我觉得一个城市一些细微的地方可以折射出这个城市的文明和发展程度，就拿吃的来说吧，温州小吃名闻遐迩，就可以反映温州的发展程度。

生3：我同意××的看法，吃穿不分家，近年来，"吃穿在温州"已成了我们城市一道亮丽的风景线，我准备从穿的方面来夸温州。

---

① 本案例由福建省福州市龙湾区海城第一小学郑永理提供，http://www.lwedu.cn/news.aspx? s=13489

生4：我想，要夸城市，就要夸人，温州人精明能干，富有创造意识。

（学生继续交流，分别从不同角度阐述了自己夸温州的理由）

师：那么，就请你们自己选择某一方面，志同道合地组成一个夸耀小组，发挥最有创意的设想，用上你们最优美的语言，夸夸温州，待会儿，评选最有创意奖、最动人心奖、语言最优美奖。

师：组内先进行夸耀比赛，优胜劣汰，然后推选一名上台夸给大家听。

生1：浪漫的夏季，让我们一起走进温州，一起去旅游，这里有海上名山雁荡山，这里有"水是青罗带，山如碧玉簪"的楠溪江，这里有朱自清爷爷笔下绿色的天堂仙岩，这里有……

生2："穿奥康，走四方""庄吉一身，吉祥一身"，听着这些熟悉的广告词，你一定心动了吧！心动不如行动，穿在温州，温州产品价格优惠，造型新颖，做工精致，是你理想的选择。

生3：温州，这里是美食的天堂，温州鱼圆，色白如玉，鲜香诱人；温州汤圆更是吉祥的化身，县前汤圆还是百年老店；白蛇烧饼皮酥不腻，入口即化，回味浓厚；长人馄饨，皮薄如纸，汤清味醇，想吃？那就赶快来温州吧！

生4："妈，今年五一哪儿过啊？"（到温州旅游啊）"爸，今天吃什么？"（多着呢，温州海鲜、馄饨、鱼圆……）

"哥，今年喝什么？"（当然选择温州双鹿啤酒）

"姐，今年流行什么？"（温州雪歌啊！）

"今年五一就去温州旅游啊！"

……

师：这么多精彩的赞美和夸耀，你对哪位同学印象最深？为什么？

生1：我觉得××同学词句表达很流畅，内容新颖，百听不厌。

生2：我觉得××同学最富有创意，她用了对话形式。

生3：我认为××同学引用广告词，形象生动，切合实际。

（生评出最有创意奖、最动人心奖、语言最优美奖）

知道它的长处

这节口语交际课从了解家乡的特点入手，进而让学生选择一个方面来赞美自己的家乡，创设了一个"夸家乡"的比赛活动。"赛况"很热烈，在夸赞角度的选择方面同学之间就展开了辩论，他们分别从名胜古迹、食物、服装等角度阐述自己的理由。在这个过程中，有激辩，有沟通。在接下来的小组活动中，先是组内进行夸耀比赛，优胜劣汰，再推选出小组代表在班里展示。这丰富的活动激发了学生了解家乡、赞美家乡的愿望，学生纷纷表达自己的看法。

关于温州旅游、风土人情的录像的播放，给学生提供了相应的资料，为学生表达交流做好内容上的选择和情感上的酝酿。学生从不同角度夸温州，所呈现的内容丰富多彩，在此基础上才会触发富有个性的创意火花。组内交际、组间交际，为学生呈现了自由、自主展示的空间，创造了互相沟通、体验成就感的环境。

像这样的口语交际活动，其形式可以不拘一格，如"课前一分钟新闻""学校一日生活谈""身边的人和事""一句名言警句""演讲比赛""作文评析""介绍小制作"等，还可以辅之以"跳蚤市场""逛超市"等活动。

除了口语交际课，教师可相机创设课外训练的机会，如班队活动、社团活动等，在各种校园活动和社区活动、公益活动过程中，在参观、访问、进行社会调查等校外实践活动中，都可以进行口语交际。这样既拓展了口语交际课的空间，又有助于学生口语交际能力的提升。

口语交际是以口语交流为凭借的语言活动，为了顺利进行口语交际活动，当然也需要一些非口语手段的辅助。口语交际教学既有口语运用的教学，也有非口语甚至非语言运用的教学，如凭借标志、表情、动作、舞蹈、图画等工具，这也是全面提升学生的口语交际能力和语文素养的必然，但口语运用——倾听、表达、交流的教学必须成为核心，占主导地位，而安排过多非口语运用的教学活动，那就不是口语交际课，甚至不是语文课了。

(二)强调交流，在互动中培养口语交际能力

口语交际是在一定的语言情境中相互传递信息、分享信息的过程，是人与人之间交流和沟通的基本手段。口语交际教学应注重培养学生在互动过程中具有文明的态度和语言修养。

《语文课程标准》有关口语交际的总目标是：具有日常口语交际的基本能力，学会倾听、表达与交流，初步学会运用口头语言文明地进行人际沟通和社会交往。口语交际是人与人之间交换思想、看法、意见，交流经验、成果、情感，或者寻求帮助、交涉事情时所需要的，必须要有交际对象，构成交际关系，形成双向或多向互动才能进行。课堂教学过程中则要创设良好的语言

沟通环境，在这样的环境中进行合作与交流，学生间相互启发，在交际中相互学习，在听说中相互补充、评价、启发与促进。因此，教师和学生在教学中要有双重的角色意识，注意角色的转换，师生之间除了构成教与学的双边关系外，师生之间、生生之间还要像在日常口语交际时那样互为对象，构成交际关系，并模拟生活实际双向互动地进行训练，才能体现出口语交际训练的特点，切实锻炼和发展学生的口语交际能力。

我们知道，"交流"包括"单向交流"和"双向交流"。在单向交流中，交流的主动方并没有从交流的接收方那里期望得到反馈或真正得到反馈，而仅仅从自己的角度单方面地进行了表达。如果要达到沟通，使交流快捷并且准确，易于达成，那么，在交流的过程中，就必须有反馈，即需要双向交流。在小学阶段，双向交流在低年级学生中易于实现，因为他们对别人的观点有更强烈的想要了解的愿望，也愿意直言不讳地发表自己的观点。但对高年级学生来说，他们更在乎自己在表达后将获得怎样的评价，于是对说出自己的想法逐渐多了一些顾虑，这时，作为教师就要巧妙地设计教学活动，使双向交流自然而然地发生。

案例指引二：请到我家来做客①

教师导课后学生自由准备，用自己喜欢的方式"说一说我家的路线"或"画一画我家的路线图"再讲解。

指名交流，师生倾听后对其讲解提出疑问（如"有何特别的标志物""坐车怎样走，经几站"等），使该生的讲解逐步规范、明了；然后同桌交流，互相邀请。

想汇报的同学都可站起来，说说画画，扩大交流面，师生再评议。

离开座位找你最想邀请的一位同学告诉他自己家的住址，别忘了再说一句邀请的话。这样一来，学生兴趣高涨，每一个学生都在互动中学会了说清自己家的住址，同时也学会了邀请。当然，在此过程中，教师也公开了自己家的住址，邀请同学来做客；同学也可邀请老师来做客。

知道它的长处

口语交际最大的特点就是双向或多向互动的交际方式，教师和学生在教学中是双重角色。有了专题内容之后，师生之间要时时注意角色的转换，让每一个学生都动起来，在大量的语言实践中学会交际。

---

① 寿园芳. 唱好口语交际"三部曲"，载 http://www.docin.com/p-634525617.html

案例中描述的就是交流中的单向交流和双向交流的良好统一，在教师引导下，学生一方面畅谈自己的体验，一方面倾听别人的发言，然后将身份转化为交际双方，就共同的话题展开对话，不断根据对方说的内容做出回应，随机应变地回应。课堂的前一部分是活动的形式，学生轮流"倾听"和"表达"，交流便因此形成。这种交流为培养倾听和表达能力服务，我们不妨称之为"形式的交流"；后半部分的课堂既是活动的形式，也是应对、应变的能力。在语文教学的总目标中，将"交流"与"倾听""表达"并列，可见其与"倾听""表达"一样，是一种能力，都是我们培养的目标。

案例指引三：我喜欢……①

师：刚才我们有很多同学介绍了他喜欢的内容，我想问问各位小评委，你们都准备好了吗？

生齐答：准备好了。

师：你打算把什么星送给谁呀？注意要说明理由。谁先来呀？你来。

生：我要把"课外积累星"颁给陈静，因为她的课外词语积累很多，还是小植物迷。

师：好。陈静，请站起来，我们就请他为你颁星，课外积累星，希望我们有更多的同学能积累更多的好词好句，懂得更多的道理。

生：我想把"积极星"送给张志杰。

师：张志杰有什么话想说吗？

（张志杰行队礼，说"谢谢"）

师：张志杰不但打了个队礼，还说"谢谢"，很懂礼貌。好，回去。

生：我要把"与众不同星"送给杨顺。因为他说的跟我们都不一样。

师：哦，杨顺，确实与众不同。我想问问，你有什么话想跟推荐者说吗？

生：谢谢你把"与众不同星"颁给我。

生：不用谢。

师：也希望我们出现更多的与众不同星，好，你呢？

生：我要把"声音洪亮星"送给王雪。

师：为什么呀？

生：因为她声音洪亮，不管有没有这个（指话筒），她的声音都很大。

---

① 本案例由北京市朝阳区楼梓庄中心小学韩树杰提供

师：就是不借助外在条件，声音一直这么洪亮，对吗？

生：对。

师：嗯，她和平时联系起来了。你呢？

（生无语）

师：其他小评委们？最后三颗星了。

……

知道它的长处

这是二年级的一节口语交际课的片段，在课上，教师引导学生一起来聊"我喜欢……"的话题。从师生、生生的对话中，我们可以看出，教师力求在互动过程中促进学生口语交际能力的提升。

第一，教师设置宜于互动的情境。让学生变换角色，成为一个评委。在倾听同学发言的过程中，每个人都是评委，评价同伴的口语表达。在评价他人的过程中，也是一次自我教育的过程，有助于自我反思。

第二，各种"星"的设置是一种好的导向。从这个片段可以看出，在评价同学的口语交际时，教师引导学生在"课外积累""积极发言""与众不同""声音洪亮"等方面进行考量，这涉及口语交际的态度积极与否，涉及声音的音量，涉及发言内容的质量，涉及运用课外积累的程度，这些维度都是学生保证口语交际质量、提高口语交际水平的重要因素。

第三，教师引导互动与点拨。在教学过程中，教师适时地引导学生间的良性互动。当学生说"我要把'与众不同星'送给杨顺。因为他说的跟我们都不一样'"时，老师说"哦，杨顺，确实与众不同。我想问问，你有什么话想跟推荐者说吗？"在这里，老师是成功促动评价者与被评者进一步交流的桥梁。当一个学生把"积极星"送给张志杰，张志杰行队礼，并说"谢谢"时，老师及时肯定，"张志杰不但打了个队礼，还说'谢谢'，很懂礼貌。好。"这种评价具有好的导向作用，有助于学生从伙伴身上学习，从实际的交际活动中学习，初步学会运用口头语言文明地进行人际沟通和社会交往。

(三)创设情境，培养口语交际能力

学生口语交际能力的养成离不开交际环境。但在学生的学校生活中，多是各学科的课堂学习。这就要求教师尤其是语文教师要在课堂教学过程中，创设恰当的口语交际情境，引导学生逐步提高口语交际能力。我们知道，课

堂里的口语交际情境，是在特定环境中进行的，与日常生活中自然的、原生态的交际活动相比，是有限制的。只有经过精心设计，在特定的交际情境中让学生自然而然地进入到有目标的口语交际活动中，这样的教学才会有效。在创设情境的过程中，要考虑儿童的心理因素与其实际的生活经验。依据儿童好奇心强、愿意动手做的特点，可以创设情境，让他们亲身接触各种事物，即创设的情境要直观、具体、有趣、可直接参与。

口语交际的听说过程是一个不断接收和表达的过程，是"创设情境"到"自由表达"的过程，也就是学生"接收理解—内化语言—外化表达"的过程。让学生敢于自由表达，乐于自由表达，善于自由表达，教师应该注意以下三点。

首先，氛围和谐。

口语交际能力的培养要从兴趣、情感的激发入手。因此，课堂上教师要放下"师道尊严"那种至高无上的架子，要与学生一起讨论、交流，建立平等、民主、信任、和谐的师生关系；教师要保护好学生的自信心和自尊心，理解和尊重学生的表达方式，要正视学生身上存在的不足，少一些批评，多一些表扬，扫除学生的心理障碍。只有营造这种和谐的交际氛围，才能真正解放学生的思想，培养学生的表现欲，让学生敢于、乐于与人交际。

其次，互动。

众所周知，参与交际的人，不仅要认真倾听，听懂对方的交流信息，抓住对方交流信息的要点，而且还要适时接话，谈自己的意见和想法。因此，口语交际是听与说双方的互动过程，是语言信息的往来交互，语言信息呈双向或多向互动传递状态。口语交际在双向或多向互动中实现语言信息的沟通和交流。我们应该让学生在师生互动、生生互动、共同发展的过程中想说、会说、善说。

最后，综合考虑各种因素。

不少教师把口语交际能力狭隘地理解为"听的能力"与"说的能力"，这有损学生口语交际能力的培养。我们应充分认识到口语交际能力的综合性。口语交际能力的构成因素分为两大类：一类是非智力因素，如交际的兴趣、情趣，听说的仪态、习惯等；一类是智力因素，如临场应变所表现出来的思维敏捷性，表情达意所表现出来的语言组合的快速性和语言表达的准确性。口语交际能力的综合性决定了口语交际课的教学目标：规范学生的口头语言，提高口语交际能力，培养良好的听说态度和语言习惯。

一定的情境是学生增强生活体验，激发思维与表达的环境条件和动力源；和谐民主的氛围则是学生大胆进行口语交际的前提。所以，教学中一定要根据小学生注意力容易分散、形象思维占优势的特点，依据教学内容，尽量模拟社会生活口语交际的实际创设情境，形成良好的氛围，让学生在轻松愉快的氛围中进行口语交际，无拘无束地自由表达，这既是口语交际训练的首要环节，也是口语交际训练的重要途径。在教学过程中，创设情境时可从以下几方面考虑。

第一，创设与教学内容有关的情境。

教学中，教师对学生进行口语交际训练，不仅要凭借教材内容，更重要的是要丰富教材内容，充实教材内容，这样才能满足生与生、师与生双向互动交流的需要。例如，《可爱的小动物》一课，教师除了根据教材让学生说养过什么小动物，最喜欢哪种小动物以及为什么喜欢以外，还可创设不同小动物的生活情境，让学生观察一种小动物，在课上说说小动物的特点。养过小动物的同学还可以向同学介绍自己是怎么养的；没有养过小动物的同学，还可以采访养过小动物的同学，学习养小动物的经验和有关动物学的知识。

第二，创设与学生生活有关的情境。

口语交际是日常的生活交际，是现代社会必备的生活技能。因此，教师应创设多种多样符合学生生活实际的情境，调动学生的生活感知和生活积累，有效地培养学生的口语交际能力。可设计问路、购物、采访、打电话、礼貌用语、日常用语等多种多样的生活情境，如"购物"还可以具体设计出去"农贸市场买菜"的情境，去"百货商场买玩具"的情境，等等。学生在这些生活情境中进行口语交际，不仅提高了口语交际能力，而且学会了交易和适应市场经济等生活技能，为"学会生存"奠定了基础。可谓一举两得。

第三，创设与社会生活有关的情境。

教师可根据时代的主题、社会生活的突发事件或不良现象创设情境，让学生在这些社会生活情境中进行口语交际，这不仅可以提高学生口语交际的能力，而且还能培养学生健康的情感、正确的价值观和崇高的人生态度。如利用课件显示路人随地吐痰的情境，让学生与"吐痰者"对话，使"吐痰者"懂得吐痰与传播疾病的关系；创设医护人员奋不顾身抢救"非典"患者的情境，让学生与医护人员对话，感受并学习医护人员那种为救死扶伤所表现出来的奋不顾身的崇高精神等。

要充分利用多媒体创设情境，因为利用多媒体创设情境，具有生动、形象、逼真的特点，有身临其境的感觉，学生十分感兴趣。电影、电视、广播等媒体语言对学生口语发展的影响不可低估。要让学生从小学会理解、分析、判断这些媒体传播的信息，选择和利用合适的信息源，逐步培养学生陈述、说明、辩论的能力，培养学生文明地进行人际沟通和社会交往。

案例指引四：《借铅笔》的片段①

师：小朋友，这节课我想请小朋友看老师画画。老师在粉笔盒里找彩色粉笔，可是没有。

师：咦，彩色粉笔没有了。没有彩色粉笔，画出来的图画多难看呀！（学生也跟着着急起来，逐渐入境）

生：老师，我去你办公室拿。

师：啊呀，不巧，办公室里的彩色粉笔被王老师拿走了。她在隔壁班上课，不知道哪位小朋友能帮帮我。

（许多学生边举手边抢着说："我去，我去"）

师：别忙。老师想考考你们。你打算怎样向王老师借呢？你们能先自己准备一下吗？谁说得好，我们就请他去借。

（这时学生已经完全进入教师设计的情境，而教师也可以自然地开展口语交际训练了）

知道它的长处

口语交际教学活动主要应在具体的交际情境中进行。所谓交际情境，指的是由交际的地点、时间、场合、交际者的身份以及彼此之间的关系等因素构成的交际环境。它是交际不可或缺的因素，没有交际环境，交际活动就无从产生。学生在学校学习的过程中，遇到的并非总是真实的交际情境。这就需要教师的巧妙设计。

教学中的口语交际情境有两种类型：一是课堂情境，教师和学生各自以单纯的指导者或单纯的学习者的身份出现在课堂上，学生就某一话题说一段话，接受老师或同学的评价。二是生活情境，把生活中的相关情境请进课堂，或者把课堂设置于实际的生活情境之中，师生不再是单纯的指导者或学习者，同时还是交际者。在这种情境中进行交际，接近于生活的原生态，使学习和

---

① 寿园芳．唱好口语交际"三部曲"，载 http://www.docin.com/p－634525617.html

生活融为一体。

在案例中，教师在课堂上巧妙地设置了一个接近生活化的场景，即把生活情境与课堂情境有机融合，进行口语交际教学。在整个过程中，学生几乎不认为自己是在完成教师分派的学习任务，而认为自己是在帮助教师。淡化了学生头脑中的课堂和学习的意识，方法不是在上课，不是在学习口语交际，而是在与教师和其他人进行平常的交往和沟通。

这种生活化的策略，就是以学生亲历的或熟知的生活为口语交际素材，以生活的实际需要为交际目的，让教学过程成为实现某种需要的生活过程。完成"有实际意义的"生活任务是课堂活动的明线，完成学习任务则成了暗线，两线交融，完成学习任务巧妙地蕴藏在完成生活任务的过程中。

(四)重视交际过程中交际规则的指导

心理学认为，社会个体极其看重来自其他成员的认同、接纳、交流和尊重，而这一切都无法脱离与口语交际的关系。因此，在具体的口语交际中，学生要学会使用礼貌用语，以满足对方获得尊重的精神需求。除了使用一般的礼貌用语之外，学生还要学会在交际时遵循如下规则：不要将自己的观点强加于别人，让听话人自己做出选择；所说的话要得体[1]。与此同时，由于课堂教学中的口语交际是发生在处于同一交际空间内双方(或多方)之间的交际行为，学生在口语交际的过程当中，不论是有意还是无意，脸部的表情、手的动作乃至整个躯体的姿态也会参加到交际活动中来，起到交际工具的作用。因此，口语交际教学中教师要适时引导，以指导学生遵循交际过程中的交际规则。

课堂教学中的口语交际，是尽可能在接近生活原态的自然情况下设计的，其目的是培养学生具有日常口语交际的基本能力，在交际活动中，学会倾听、表达与交流，初步学会文明地进行人际沟通和社会交往。因此，除了一些交际规则、程序的指导之外，教师不应该像影视导演那样就交际过程中的话语内容进行具体指导。那么，如何引导学生的口语交际朝着预定的目标行进呢？

教师应当作为合作伙伴参与到口语交际中去，通过自己与学生的交流、互动，推进交际的过程。为了加强示范性，教师除了在全班师生交流中参与

---

① 李云龙."口语交际"教学策略浅议．语文教学通讯，2003(4)

交际、适时引导外，还应参与到一些小组中去进行个别辅导；对于进行有效交际的小组，可以推荐到全班，向全体同学展示，以便学生能够有一个可以模仿、学习的参照。同时，针对学生在口语交际过程中常常出现的一些错误，诸如语法错误、逻辑不清、表述不当，教师可以在学生说完之后，再针对出现的问题进行指导或者请同学补充、订正。

二、学生口语交际能力的有效培养

在人际交往中，口语交际是最重要的方式和手段，是每一个现代人不可缺少的一项能力。小学语文课程中新增加的"口语交际"课不同于原先的"听说训练"课，它有自身的特点，如口语交际的发生，不是事先约好的，有很强的突发性；谈话内容要随着交际对象、具体的空间场景而定；尤其强调双方互动的语言实践，强调信息的往来交互，它体现的是一个人的综合素质。

对学生进行口语交际能力的培养，表面上看是随时随地都可以进行的，其实不然。关键问题是能不能把握训练的良好契机，为学生创设口语交际环境，营造口语交际氛围。因此，我们不仅要充分利用口语交际课，还可以尝试从阅读课和写作课中另辟蹊径，挖掘教材内容，拓展教学时空，创设口语交际情境，探索培养学生口语交际能力的好方法。

(一)阅读教学与口语交际教学有机结合

口语交际训练、阅读教学是语文教学的重要组成部分。占语文课时最多的是阅读教学，我们可以尝试口语交际训练与阅读教学的整合，使阅读教学成为培养学生口语交际能力的重要渠道。阅读教学和口语交际教学中，都含有对语言的理解和运用。在语文教学中，对书面语言、口头语言的理解和运用的训练，是一个密不可分的整体。将口语交际训练融合于阅读教学之中，有利于增加学生间相互交流的机会，以阅读教材为载体锻炼学生的口语交际能力；在阅读教学中合理引进口语交际活动，有利于将学生的思维引向纵深，有利于学生领悟作者的写作目的、把握文章的中心，挖掘文中潜藏着的人文因素、情感因素，有利于激发学生主动探究的精神。总之，口语交际会因阅读教学而生动有趣，阅读教学也因口语交际而丰富多彩。那么，如何使口语交际教学与文本阅读相得益彰？如何创造性地利用文本挖掘出多姿多彩的口语交际的教学资源？这是值得我们深入探究的一个重要话题。

案例指引五：阅读教学中的口语交际训练①

人教版《语文》二年级下册《玩具柜台前的孩子》一课，在读懂课文之后，教师可创设这样一个口语交际的话题："售货员阿姨天天盼着再见到那个男孩，好把汽车送给他。今天，他们终于又碰面了，见面后，他们会怎么样呢?"针对这一话题，可分两步完成：先同桌一人做阿姨，一人做男孩，试着说一说；然后由其他同学点评，教师随机点拨，在听、说、评中相互交流，信息互为补充。这样使口语交际更具真实性、灵活性、随机性，从而达到最佳交际效果。

教材中，许多都是儿童喜闻乐见的童话故事。教材中是用陈述句式给出，教师在引导学生感悟理解以后再用口语交际的形式来表现，是对教材内容的一次整合。这样的例子很多，二年级下册《笋芽儿》一文中有一个句子写道"雷公公用粗重的嗓音呼唤着笋芽儿"。在学生诵读、美读这句话后，教师又创设口语交际话题："雷公公是怎么呼唤的呢?"赋予植物以人的生命，便于学生接受；同时把一个普通的陈述句变为口语交际式，容易激发他们的兴趣。学生的说与评既可模仿前面春雨姑娘的话，又可以超出文本语言，赋予更诗意的本我的句子。

一年级下册《手捧空花盆的孩子》这篇课文，文章描述雄日精心培育花种，虽然煮熟的花种无法发芽，可是雄日的"诚实之花"却开在孩子们的心中。在感悟理解课文之后，教师请学生当编剧，写好"剧本"，定好角色，选好演员，再加上美工(做头饰、布置教室)，音乐(剧本中配乐)。就这样，学生自编、自演、自评的《手捧空花盆的孩子》上演了，每位同学都兴趣盎然地参与了这项活动，演出相当成功。可见学生的潜能是无限的，有待我们教师去挖掘。

三年级上册《赵州桥》一文，课文介绍了一千三百多年前那座世界闻名的石拱桥。我们也不妨尝试一下口语交际。教师创设口语交际话题："如果设计者李春就站在大家面前，谁愿意去采访一下李春?"班上分"记者组"和被访人"李春"组，双方角色可以互相尝试交换。"记者组"拟好提纲，列好问题；被访人"李春"做好被访准备。口语交际中除一组表演外，其他同学则成"评委组"，打分、评论。选出最佳"记者"、最佳"李春"、最佳"合作小组"。就这样，课堂真正成为对话、交往、沟通的平台，互动、合作、分享的乐园。

---

① 本案例由浙江省宁海县实验小学陈君提供

知道它的长处

案例中列举的就是在阅读教学中根据课文内容把握时机进行补充、理解、表演、采访，用类似的方式增强口语交际的训练强度，将学生的学习兴趣由单一的读课文、理解课文向多元的学习方式过渡，更好地使口语交际能力的培养落到实处。

从社会学角度讲，课堂教学就是师生交往的双向互动过程，每一堂课都为学生口语能力的发展提供了用武之地，语文课上尤其如此。在语文阅读课中抓住切入点，创设口语交际情境，以读促说，以说促读。在一些语文课上，教师这方面的引导、矫正往往不着痕迹，做到与课堂主要教学目标水乳交融。口语交际训练是一门艺术，牵涉到许多认识上和技能操作上的问题，但只要遵循学生口语交际的发展规律，激发学生口语交际的兴趣，在实际教学中善于诱发学生的生活积累，肯定不难培养出"能说会道"的开放型人才。

在阅读教学过程中进行口语交际训练，要以文本作为主要凭借，不能脱离文本孤立地进行，文本的内容和语言是重要的口语交际材料之一。不少课文都有内容或情感上的空白处，给学生留下了丰富的自主想象的空间。教师可以抓住文本内容空白处，启发学生通过合理想象填补空白。

填补空白的过程不仅可以锻炼学生的口语表达能力，还可以加深对文本内容的理解。接受美学告诉我们，作品意义的不确定性和意义空白需要读者以自己的感觉和经验去填补。教学中教师引导学生在"疏可走马"处进行想象，对文本进行丰富与再创造，也有助于学生深化对文本内容的理解。

(二)作文教学与口语交际教学有机结合

三年级作文教学，如果跟学生讲写作方法，是枯燥的，学生很难接受，作为教师也可能越讲越糊涂。有的教师把作文指导暗藏在"说"和"议"的活动之中，事半功倍，润物无声。可能有人会问：这样的口语交际究竟怎么操作？教无定法，因教师而异，因学生而异，但是原则就一条，要想办法让学生"想说和敢说"。至于他说得多与少、好与差，都是次要的。对于三年级的学生，一定不要一开始就奢望他说出长篇大论，也不要奢望他一上来就说得合情合理，即便他造的机器人能跟太阳握手，你也要肯定他的想象！美国小学生的想象有多离奇？他在森林里捡到一枚蛋，拿回家去孵化，孵出一个美国总统。结果呢？舆论一片叫好！

案例指引六：习作课中的口语交际①

第一组活动：口语交际系列活动。

第一次：交流上网的收获。

这次活动结合课文《我家跨上了"信息高速公路"》，主要是对课文内容学习的拓展和延伸，教师可以酌情开展，最好纳入阅读教学的范畴，这里不作详细介绍。

第二次：科学家的故事。

结合《月球之谜》课后"资料袋"，张衡（数星星的孩子）、爱因斯坦（板凳的故事）……

根据教学时间长短决定汇报交流方式，可以以同桌、小组、班级等形式交流。无论哪种或者哪几种组合形式的交流，教师在总结的时候，一定要把故事的价值指向定位到想象上来。

第三次：我想发明的机器人。

前三次训练中，这一次是重点，可以结合课文《果园机器人》，完成《语文园地六》的"口语交际"教学任务。

第二组活动：习作指导系列活动。

第一步：想作文（想材料）。

在进行第三次口语交际训练的时候，教师在总结中要顺势从未来的机器人拓展开去，布置课外作业：引导学生进行更大范围内的想象，比如未来的书包，未来的课堂，未来的超市；可以自动调节温度的衣服，可以让人行走如飞的鞋，可以推着走的房子……要注意引导学生从需要出发，从经验出发，从已有知识出发。

可以要求学生进行第四次口语交际：把自己想象的事物讲给家里的人听，听听他们的意见。

第二步：说作文（说内容）。

这是本次系列活动的第五次口语交际——在习作指导课上展示图画，交流图画。可以分步进行：

同桌"说"：必须保证每一个学生有充分的交流机会。

小组"选"：谁的画最好说？注意，不是评比谁画得好，而是谁的画最好

---

① 本案例由四川省蓬溪县下河街小学黄继森提供

说。能说的画才有话可写。每个小组选出一人说给全班同学听，可以说自己的画，也可以说别人的画。

一、要相机板书的内容

1. 名称(是什么?)

2. 形状(什么样子?)

3. 用途(能做些什么?)

4. 感情(喜欢吗? 为什么?)

提示:

1. 板书以上四项最好不要按照顺序排列，而是错乱排列，这样可以打乱模式化结构。

2. 教师的评价过程，教师引导学生评价的过程，就是指导习作方法的过程。

引导学生:你为什么说他说得好? 你有更好的建议吗?

二、引导学生明确题目

师:遗憾的是，因为时间的关系，刚才只有 6 个同学上来介绍了自己的画。这样吧，还想说的同学，把自己那幅画的题目写在黑板上，行吗?

第三步:导作文(定材料)。

师:听了同学们对未来的想象，老师也想跟你们比试比试。你们愿意吗?

生:愿意。

师:你们是想听老师说呢，还是想听老师读?

师:昨天我就把想好的记在了本子上，我就读读吧。

老师读完之后，可以抛出类似这样的问题引导学生交流(第六次口语交际)。

刚才啊，同学们听得特别认真，小眼睛一动不动，现在，你们的小眼睛在对我说:老师，我也想说;还有的告诉我:老师，我也能说。是吗? 是这样的请举手。

学生同桌交流之后，教师指着板书小结。

你们都说了名称，说了形状，说了用途，还说了自己对这件东西的感情，孩子们，说得很棒! 孩子们，为你们自己鼓掌吧! 说得这么好，我们不能光顾着自己欣赏啊。好的东西，也要与别人分享啊。怎么办?

那好，我们就用手中的笔，把你想对别人介绍的话写下来吧。相信自己能写好的请举手（多数同学能举手）。都有信心啊，老师真为你们感到高兴！让我们把掌声再次送给自己吧！

第三组活动：修改、评改、评价系列活动。

第一步：学生自改。

第二步：教师批改。

第三步：学生互评。

（这是本次系列活动中的第七次口语交际）教师的批改完成之后，把作业本发到学生手上，让学生交换朗读，并提出要求：

1. 夸夸同学的习作。

2. 给同学提一点建议。

第四步：拓展延伸。

家庭作业应该多样化，应该是书面作业与口头作业相结合。我们不妨设计一次口头作业（这也是本次系列活动中的第八次口语交际）。

选择你喜欢的一种方式，可以讲给家里人听，也可以是打电话，完成下面的作业。

这次写《未来的_____》，你写了什么？满意吗？为什么？你最喜欢哪个同学的习作？为什么？

知道它的长处

案例中的作文教学活动是要让学生懂得，科学上的成就是需要我们大胆想象的，想象的价值是超乎寻常的，激发学生爱科学的兴趣，激发学生大胆想象，为写作文做好心理准备。

第二次口语交际活动是让学生懂得想象的价值，这一次口语交际的目的在于最大限度地激活学生的想象欲望，让学生喜欢想象，展开想象，实施想象，为习作做准备，因为我们需要学生的大脑真正动起来、活起来。到这一步，应该说大多数学生的兴趣已经上来了，也有话可写了。在这个过程中，教师尊重学生的举手选择。如果有人没举手，教师要予以特殊关照，建议他选择一位同学的画来说。也就是说，口语交际不仅仅是表达自己独创的思想，有时也可以进行模仿。教师所做的工作，已经完成了"导兴趣——导材料"两个大环节。多数学生早已兴致勃勃，心中有话想说，站起来能说。

学生说的过程，正好是教师指导学生想的过程，当然，教师还是不要提作文，尽量让学生感受参与活动的兴奋，享受活动带来的快乐……

　　当然，在教学过程中，我们要注意"口语交际"与"讲故事"的区别和联系，注意引导学生在听、问、答、议等口语交际途径中得到收获。阅读教学与口语交际相结合，课外交流与课内交流相结合，书面（日记）交流与口头交流相结合，同桌交流与小组代表交流相结合。这样的多种交流方式共存，最大限度地利用教学时间，拓展了教学空间，可以说，有效地运用这样的"四结合"，完全能够实现作文教学真正意义上的作文生活化、生活作文化。需要注意的是，在学生口语交际的过程中，尽量帮助学生克服重视书面语言而忽视口语交际倾向。

（三）专设口语交际课进行有效教学

　　为了强化口语交际教学的意识，教材安排了一系列口语交际课。口语交际课应该依据儿童的心理特征，认识规律，从生动、直观的形象思维入手，创设有趣的情境作为教学过程的启动契机，启发学生大胆想象，并通过大胆的想象，激发学生的学习兴趣，训练学生的语言表达能力。学生是教育教学的主体。在教学过程中让自主、合作、探究的学习方式贯穿于收集资料、交流体会、评价反馈等环节中，使学生有话可说，有话想说，从而带动语言的训练，培养学生的口语交际能力。

　　案例指引七：口语交际《假如我会克隆，我要……》教学设计[①]

　　"口语交际"，人教版《语文》教科书六年级下册

　　（一）创设情境、激趣引入

　　1. 启发谈话

　　（播放《西游记》主题曲）

　　师：同学们，今天老师给你们带来了一个老朋友。他有哪些本事？（学生自由畅谈孙悟空的七十二变等）是啊！这是多么神奇！孙悟空可真是神通广大，他只要拔一根自己的毫毛就变出了许多小孙悟空来协助自己降妖除魔。他还能变成三头六臂，多么神奇而有趣啊！孙悟空的这种本领，其实用现代的眼光看，它很像现代科技领域中的"克隆"。同学们，克隆技术你了解多少呢？课前大家一定收集到很多资料，谁愿意来说。

　　2. 交流资料

---

　　① 本案例由福建莆田市实验小学宋平沙提供

3. 小结，过渡

师：克隆技术多么神奇啊！说到这，想必大家已经十分向往克隆了。那么假如你也掌握了克隆技术，拥有了克隆本领，你想克隆什么呢？这就是今天我们要交流的内容。我们一起来看看这次口语交际的要求。

(二)明确要求，合作交流

1. 自主准备：默读提示，了解本次口语交际的内容与要求

出示课件，开拓思路。列出参考题目：《假如我会克隆，我要……》

思考：假如你会克隆，你想克隆什么？为什么？

2. 小组交流

课件展示小组交流须知：

(1)小组组织交流，看谁的想法最奇妙、最合理。

(2)每个人都要发言，发言时大方自然、声音洪亮、表达清楚、语言流畅。

(3)同学发言时，其他同学应认真聆听。

(4)小组推荐一名同学，说给全班同学听，其他同学做好评议准备。

3. 全班交流

4. 互评总评

(三)听想评说、深化认识

1. 观看相声：《克隆》。指名上台表演，提出成立"克隆世界小论坛"的建议。

2."克隆世界小论坛"讨论：克隆技术是否有益于人类？是利大于弊？还是弊大于利？

(四)课堂总结，拓展延伸

1. 把《假如我会克隆》这一话题带回家与家人交流，看看他们想克隆什么？

2. 设计一份克隆小报。

附：相声资料《克隆》

知道它的长处

案例中，教学一开始的交流资料环节，实现了师生学习资源的共享，使学生明白克隆技术的含义以及克隆技术的成就，通过口语交际促进师生之间、生生之间的互动，同时也培养了学生的语言表达能力。

在第二环节中，教师引导学生展开大胆、合理的想象。通过协作学习互相启发，互相提高，实现师生互动、生生互动、群体互动等多元互动，让学

生真正学会用准确的语言、适当的语气、语调来与对方交流。

第三个环节的教学将生活与课堂融为一体，激发了学生的情感，深化了学生的认识，教育有针对性。引导学生讲观点、摆事实，以理服人，最终让学生明确一些不能克隆人的道理，以达到三维目标的和谐统一。在学生抒发自己观点的同时又实现了口语交际多元互动的目标。

"口语交际课"以培养学生口语交际能力为主要目的，是依据规定的教学内容，设置情境，让学生进行口头言语交际的实践课。"口语交际课"教学的主要任务是通过口语交往实践训练，指导学生进行口头言语交际，规范学生的口头言语表达，发展学生的对白言语和独白言语，使学生掌握一定的口语交际技能，养成与口语交际相关的良好习惯以及待人处事的交往能力等。"口语交际课"是口语交际训练的主阵地。扎实的口语交际课应该兼容并蓄，打通课内课外的壁垒，唤起、激活学生在各种时间、空间中所获得的经验，使之有助于学生口语交际能力的提升。

案例指引八：语文特色班口语训练①

以下为录像片段。

（一）

生：大家好！这里是"每日新闻播报"，我是今天的播报人肖月。

生：大家好，今天的新闻播报是由我主持的，首先咱们看一下有关环保的新闻。

生：大家好！这里是"每日新闻播报"，我是今天的播报人。我播报的题目是龙卷风席卷美国南部。

生：现在请各位同学点评"每日新闻播报"。

点评：

生：他说的挺好的，而且连接得挺好。

生：选材也不错，一个是国内新闻，一个是国际新闻。但是声音太小。上台不知道说什么了。

生：两人配合挺默契。

生：说得不错，希望下回再准备充分些。

……

---

①　本案例节选自北京景山学校语文特色班口语训练录像

（二）

生：大家好，这里是"早安六一"，我们是今天的主持人张静、高欣桐。下面我给大家播报一条北京新闻。都说人是铁、饭是钢，早餐是金，午餐是银。首批早餐车昨日亮相。

生：我们给大家介绍一些两栖类动物的知识。

……

（三）

生：这里是"天下任我说"之特别版——"校园风采"。首先请看校园新闻……第二条是艺术节开幕喜洋洋。艺术节将开幕了，这是我们上初中以来的第一次艺术节，内容有美术、书法类，英语电影，摄影类等，我相信它一定是丰富多彩的，艺术节一定会让同学们不能自己。同学们，让我们认真并积极地参与艺术节，行动起来吧。

今天的"天下任我说"到这里就全部结束了。我们的口号是"你的视角，我的感受，尽在天下任我说"。

知道它的长处

上面的文字节选自景山学校语文特色班的口语训练录像。从中我们可以看出其口语训练的思路与发展。

第一，口语训练的专时安排。在六年级的上学期，确切地说应该是 2002 年 9 月份开始，六年级一班的同学在教师的带领下，开始了他们的口语训练之旅。每天早晨 7：25～7：40 这段时间做口语训练。后来改为每节语文课前 1～5 分钟，都会有同学站到讲台前，来做语文的口语训练。也就是说，有专门的时间保证学生进行有计划、有准备的口语训练。

第二，口语交流内容的范围逐渐扩大。在口语训练之初，大家交流的内容是"每日新闻播报"，后来改名为"早安六一"。当时的"早安六一"，分为四个板块：第一个板块是"六一大事"；第二个板块是"景山风云"；第三个板块是"你好，中国"；第四个板块是"世界动态"。从版块的设置可以看出，学生交流的话题从自己的班级、到学校、到祖国，再到世界。随着时间的推移，暗含时间(早晨)、班级(六 1 班)的"早安六一"的命名有局限性了，于是"天下任我说"应运而生。在"天下任我说"中，不仅依然关注自身、关注学校、关注社会和世界，而且还延展开来，有了新的拓展，如"魔法任我说""练笔任我说"等。

三、学生口语交际能力的有效评价

对学生口语交际能力评价的目的不仅仅是为了考查学生口语交际能力达到的水平，更是为了检验和改进学生的学习与教师的教学，为了发挥评价的诊断作用，发挥评价促进教学的作用。通过评价为学生的后续学习改进提供依据。这就要求我们不要抱着"给学生排个高低上下"的最终目标去评价学生的口语交际能力，而要注意在评价过程中了解学生口语交际的参与意识和情感态度，了解学生在具体的口语交际情境中倾听、表达、应对等方面的状况，给学生提供建设性的反馈意见，让学生对自己的口语交际能力和水平有一个真实的认识，并对自身存在的问题及时进行调整，以利于今后进一步学习和提高。

(一)评价目的指向学生口语交际的能力与态度

1. 纸笔测试不益于评价学生的口语交际能力

在学生的语文期末考试中，我们常常能够见到与口语交际有关的题目。命题者将相关的情境描述清楚，然后提出明确的要求，学生根据要求用纸笔作答。

下面呈现一道六年级语文期末试卷中的口语交际能力试题。

根据下面提供的语境，回答后面的问题。

小明今年上六年级，星期天正在家里复习功课。这时，小明爸爸的同事来了并提出要在家里打麻将。小明听到以后想劝阻。如果你是小明，该怎么向爸爸说才能让爸爸拒绝同事？爸爸听了以后会怎么向同事说，才能劝说同事不再打麻将？（说话要注意身份和对象，做到简明、连贯、得体）

(1)小明向爸爸说

(2)爸爸向同事说

上面这道题目，意在考查学生的口语交际能力，有书面语境的设计，有说话对象的限制，有明确的论题和要求，它能否较好地考查出学生的口语交际能力呢？

答案是否定的。我们认为类似这样的题目不益于考查出学生的口语交际能力水平。理由如下：读写和听说是以不同语体形式存在的，它们虽有密切联系，却不可能完全合二为一。听说使用的是口头语言，读写使用的是书面

147

语言。口头语言的接受与表达，除了要借助词汇、语法这些与书面语言共用的要素外，还要借助说话者的态势语、语音、语气、语调、语势、语感，甚至包括说话时的抑扬顿挫、轻重缓急等。一般情况下，口语短句多，省略句多，句子结构比较松散。特定的说话环境和氛围，会激发听说者的兴趣，激活听说者的思维。口语交际能力强的学生，往往思维活跃，口语敏捷，能取得理想的表达效果。书面语言完全句多，长句多，关联词语多，精密、艺术、条理清楚、逻辑性强等是它的语言特点。但它没有口语的语言辅助手段，更不具备口语表达中的重要成分——语音。

在日常生活中，有的人看得仔细却听不明白，有的人善于说却不善于写，有的人善于写文章却不善于说。书面语言不能替代口头语言，读写能力也不能替代听说能力。在解答主观题时，学生主要是通过阅读提取信息，但这并不表明他能听得明白；即便是听录音后答题，答题的结果，也是学生书面表达能力的体现，并不能显示语音清晰，语句连贯，条理清楚，态度自然。单纯用这一类试题评价学生的口语交际能力，简单用分数来衡量学生的口语交际水平，无法反映教育现象的复杂性和学生状况的丰富性，特别是口语交际的情境性、即时性、互动性、综合性，而这些恰是评价口语交际能力不可缺少的重要因素，离开了它们，就失去了口语交际的本质特征。

2. 应在具体的交际情境中考查学生的情意态度和表达能力

课程标准的"教学建议"中指出："口语交际能力是现代公民的必备能力。应培养学生倾听、表达和应对的能力，使学生具有文明和谐地进行人际交流的素养。"[①]如何有效地考查学生的人际交流素养呢？"宜在具体的交际情境中进行，让学生承担有实际意义的交际任务"[②]，考查出学生真实的口语交际水平。

学生的口语交际水平，既与其表达应对能力有关，又与其情意态度有关。因此，在评价学生口语交际能力时，可从倾听能力、表达能力和应对能力三个方面来考虑。对倾听能力的评价可以包括以下要求：专心倾听；能抓住谈话的主要内容。对表达能力的评价主要包括以下要求：表意清楚明白；语言

---

① 中华人民共和国教育部制定. 义务教育语文课程标准(2011年版). 北京：北京师范大学出版社，2012：(24)

② 中华人民共和国教育部制定. 义务教育语文课程标准(2011年版). 北京：北京师范大学出版社，2012：(31)

表达规范。对应对能力的评价主要包括以下要求：在口语交际互动中，是否能做出及时的反应，巧妙应对话题；是否能根据交际情景的变化，及时做出自我调控，讲究应对技巧。

在对学生进行口语交际能力的评价时，除了考查其表达能力外，还要按照不同学段的要求，综合考查学生的参与意识和情意态度。在这一维度上，可以根据各学段的具体目标，从以下三个方面实施评价：交际的态度，如"与别人交谈，态度自然大方，有礼貌""与人交流能尊重、理解对方"；交际的自信心，如"有表达的自信心，积极参加讨论，对感兴趣的话题发表意见"，"乐于参与讨论、敢于发表自己的意见"；交际的文明度，如"在交际中注重语言美，抵制不文明的语言"，等等。

在评价过程中，可以创设情境性的交流场景，考查学生的口语交际水平。教师提供一组话题，让学生选择其中自己感兴趣的话题，组成4～6人的小组进行讨论，必要时主试者可参与并引导学生讨论。评定成绩主要考虑以下五个方面。

第一，倾听。

被试者是否能集中注意力倾听别人的发言。

第二，参与性。

被试者是否能积极主动地参与讨论，主要依据被试者发言的次数及其主动参与程度。

第三，内容。

是否能围绕谈话的主题发言。

第四，语言。

主要依据句子是否通顺、表达是否流畅。

第五，情感态度特征。

主要根据被试者是否态度自然大方、讲述是否有感染力以及是否能够文明地进行人际沟通和社会交往来评定成绩。

(二)构建多元的口语交际评价体系

第一，在评价方式上可有多种选择。可以是师生一对一的情景测试，测试过程中注意观察学生在交际时的应对、神情、文明习惯等；也可以是小组专题讨论，设置小组讨论话题，主试可参与到小组讨论中，观察组内学生的表现并记录，如新年即将来临，让学生们围绕"如何使用压岁钱"展开讨论，依据学生表现进行评定。

第二，增强过程性评价。教师在对学生进行口语交际评价时，应采取过程性评价手段，这样才能对学生的口语交际能力做出全面的判断。如果只是在期末做出一次总的评价，显然是不够的。我们可采取单元形成性评价，如学完第六册第一单元口语交际"介绍家乡景物"一课后，我们引导学生在小组内，以不同的身份（"导游""解说员""游客"等）参与交际。在交际之后，评出"星级导游""最佳解说员""优秀游客"等，激发孩子热爱家乡的情感，具备主动介绍家乡的本领；也可采取期中诊断性评价，如结合每学期一次的期中家长会，通过评价与家长沟通，帮助孩子在日常生活中不断提高口语交际能力；还要在期末进行综合性评价，对学生一学期来的口语交际综合能力给予评价。

第三，与校园活动、社会活动同步进行。对学生口语交际能力的评价，不应该局限于口语交际课。口语交际能力评价可以在专门的口语测试中教学，还可以与校园活动同步。可以结合学校少先队活动、校园生活进行，如让全体学生参与各类演讲比赛、队干部竞选的投票等；还可以是社会生活评价，如设计一些口语家庭作业——"打电话""家里有客人""在社区宣传"等，让学生在家庭中进行口语交际，请家长、社区工作人员当评委。

第四，评价结果采用多种方式。教师在评价结果的处理上，可采用等级制、星级制、等级加评语等方法，以促进学生的进步。在口语交际成绩的评定中我们应更注重对学生发展过程的监控，及时掌握和发现学生发展中取得的成绩和存在的问题，让学生不断地调整自己的发展状态，提高素质，使自己获得尽可能大的发展空间。

第五，教师、学生、家长共同参与。对学生的口语交际能力进行评价，语文教师主要起主导作用。此外，学生和家长也要共同参与进来，这样才能保证评价的结果更为客观、公正。我们处在一个高度异质化的社会，这种社会需要价值的多元，它不仅容忍而且呼唤异质的评价模式和评价标准。学生口语交际活动课外多于课内，校外多于校内，他们自己以及与之朝夕相处的同伴、家长更有发言权，他们的报告与评价能补充和完善教师的信息库。语文教师要从评价的首席走下，摆好位置，调整好心态，融入到他们之中倾听他们的呼声，以保证口语交际评价的公正与真实，防止教师产生晕轮效应、首尾效应、关系效应、情绪效应、趋中效应等评价误差心理。教师的主要作用在于提供对话机会，搭建评价平台。为了防止对平等对话产生压制或干扰的因素出现，需要教师建立一个持久有效的评价平台，保障双方有自由的话语权利和对话渠道的畅通。在实际操作层面，评价平台的形式可以是成长记录袋、通信簿及网络留言处等。

要给学生一个准确的口语交际能力的评价，这是我们必须研究的课题。什么样的评价是科学的？课程标准倡导我们评价学生的口语交际能力，应"综合考查学生的参与意识、情意态度和表达能力""评价宜在具体的交际情境中进行，让学生承担有实际意义的交际任务，并结合学生在日常生活和学习活动中的表现，综合考查学生真实的口语交际水平"。从目前来看，口语交际教学评价的机制，还没有真正建立起来。如何在《语文课程标准》的指引下，形成确切的、可操作性强的评价手段，还是一个需要深入探讨的课题。从另外一个角度说，这也给我们一个空间，一个让我们自己去开发科学评价机制的空间。

后　记

　　语文课程是一门"学习语言文字运用"的课程，要学会语言文字的运用，就需要教师引领学生掌握一定量的字和词，掌握其音、形、义；掌握一定量的由字词构成的语言运用范例，通过这些范例来熟悉语言文字及其"作品"的构成方式，掌握语言文字运用的规律，从而学会从书面语言文字中获取意义信息，学会根据表达目的、对象和语境，特点表达交流的技巧，使学生获得基本的语文素养。即比较稳定的、基本的、适应时代发展要求的识字写字能力、阅读能力、写作能力和口语交际能力，以及在语文方面表现出来的文学、文章等学识修养和文风、情趣等人格修养。

　　要达到此目的，就需要语文课程改革继续深入。我们知道，目前语文课程改革之所以取得如此大的成绩，主要依赖两方面的进步：第一，学科基于理论随着课程改革的推进，在应用研究方面取得了一批重要成果；第二，广大的一线教师在实际教育教学情境中将新课程的理念真正运用于教学实践，取得了丰硕成果，涌现出很多优秀的教师和教学案例。本书试图把这两方面的成果展示给读者，不仅想说明在小学语文教育这一领域我们已经做了什么，做到了什么程度，还想通过这种方式为更多的教师搭建教学研究的交流平台。

　　我们认为，本书所选择的案例，其研究功能远大于推广功能。我们全体作者希望通过自己的努力，使语文课程改革得以深入，使优秀的教学经验得以传播，使教师的专业素养得以提升，最终使每位学生真正从语文课堂教学中受益。

　　本书没有艰涩的理论，但每个案例背后都有坚实的理论支撑；本书没有全面论述语文课程改革的发展脉络，但关键性的问题一个也不少。本书采用一个个案例说明观点，力图让读者通过案例对语文教学的核心问题一目了然；本书的整体结构设计，是从读者"用"的角度出发，将课堂教学中成功的教学策略和需要研讨的问题一并展示给读者，希望在这本书的阅读过程中，读者与执教者、与作者能够进行平等而互相启发的交流，希望有再生成的可能。

　　本书是一部多方合作的结晶，我们试图通过大学研究人员、教研员和一线教师的通力合作，进一步提高语文课程的研究水平。我们的具体分工是：由孙素英构建修订框架，组织安排整个修订工作。李英杰负责第一章；张娜负责第二章；孙素英负责第三章和第四章。全书由孙素英统稿。